Paul Gamber

Konflikte und Aggressionen im Betrieb

W0189436

Paul Gamber

Konflikte und Aggressionen im Betrieb

Problemlösungen mit Übungen, Tests und Experimenten

Die Deutsche Bibliothek – CIP-Einheitsaufnahme

Gamber, Paul
Konflikte und Aggressionen im Betrieb : Problemlösungen mit
Übungen, Tests und Experimenten / Paul Gamber. – 2. Aufl. – München ;
Landsberg am Lech : mvg-verl., 1995
   (Business-Training ; Bd. 1157)
   ISBN 3-478-81157-0
NE: GT

Meinem Bruder Hans, mit dem mich eine
sati(e)risch gute Streitkultur verbindet.

1. Auflage 1994
2. Auflage 1995

Das Papier dieses Buches wird möglichst umweltschonend hergestellt.
Es ist chlorfrei gebleicht.

© mvg-verlag im verlag moderne industrie AG, München/Landsberg am Lech

Umschlaggestaltung: Gruber & König, Augsburg
Satz: Fotosatz H. Buck, Kumhausen
Illustrationen: Paul Gamber
Druck- und Bindearbeiten: Presse-Druck Augsburg
Printed in Germany 081 157/395602
ISBN 3-478-81157-0

Inhalt

Vorwort 7

I. Konflikte erkennen 9

Was ist ein Konflikt? 9
Wodurch ist ein Konflikt bedingt? 13
Woran erkennt man einen Konflikt? 16
Welche Arten von Konflikten gibt es? 17
Sach- und Beziehungsebene eines Konflikts 26
Wie Konflikte entstehen und weshalb sie eskalieren 27
Wie Konflikte wahrgenommen werden 35
Konfliktverhalten und Konfliktstile 41
Test 49

II. Konflikte – tiefenpsychologisch betrachtet 52

Selbstwertgefühl und menschliche Bedürfnisse 53
Konfliktstreß – der psycho-physiologische
Teufelskreis 57
Konflikt und Kommunikation 65
Selbstbild und das Bild vom anderen 85
Konflikt und Bedürfnisaustausch 88
Psychologische Spiele 93
Test 106

III. Aggressionen erkennen und bewältigen 110

Was ist eine Aggression? 111
Worin unterscheiden sich Konflikt und Aggression? ... 112
Theoriemodelle der Aggression 113
Gründe, weshalb es zu Aggressionen kommt 129
Der aggressionsgehemmte Mensch 131

Müssen Aggressionen ausgelebt werden? 135
Umgang mit Aggressionen: Streitkultur statt Kultur der
Anpassung 138
Zusammenfassung: Hinweise für die betriebliche und
private Praxis 148

IV. So meistern Sie Konflikte konstruktiv 151

Haben Konflikte und Aggressionen auch positive
Funktionen? 152
Wie können Konflikte im Unternehmen vermieden
werden? 153
Was ist problemorientierte Konfliktbewältigung? 158
Kreativmethoden zur Konfliktlösung 170
Fünf Schritte, mit denen Sie Probleme lösen 173
So moderieren Sie Konflikte in Mitarbeitergruppen 177

Lösungen 187

Literaturhinweise 188

Vorwort

Konflikte gehören zu unserem täglichen Leben. Sie sind allgegenwärtig: zwischen Individuen, Personen, Gruppen, Organisationen bis hin zu Völkern und Nationen. Konflikte sind aber keine ausschließlich menschlichen Daseinsphänomene. Überall in der Natur, wo es um Veränderungen geht, treten Störungen der Gleichgewichte auf. Ohne sie wären Organismen, Individuen oder Organisationen zum Stillstand verurteilt.

Da Konflikte unvermeidbar sind, hängt es davon ab, wie wir mit ihnen umgehen. Konflikte bergen Chancen für Weiterentwicklung und Erneuerung, aber auch Gefahren der Desorganisation, in extremen Fällen sogar der völligen Handlungsunfähigkeit.

Gerade betriebliche Organisationen erweisen sich als besonders konfliktanfällig, da sie im Grunde zwei Zielsetzungen gleichzeitig gerecht werden müssen, nämlich:

1. der Erwirtschaftung von Gewinnen, was unternehmerisches Planen und einen möglichst reibungslosen organisatorischen Ablauf voraussetzt,

2. der Sicherung und Pflege der zwischenmenschlichen Beziehungen, da diese die Voraussetzung für die erste Zielsetzung sind.

In Betrieben können durch die Folgeerscheinungen ungelöster zwischenmenschlicher Konflikte und unterschwelliger Aggressionen, durch Rückzug, Sturheit, Überkonformität bis hin zu offener Feindseligkeit nicht nur das Betriebsklima und die Arbeitszufriedenheit dauerhaft beeinträchtigt, sondern sogar wichtige Unternehmensziele in Frage gestellt werden.

Für Führungskräfte und Mitarbeiter ist es daher wichtig, über wirksame Methoden der Konflikt- und Aggressionsbewältigung bei sich und anderen zu verfügen. Dies setzt voraus, daß sie in der Lage sind:

- Konflikte bereits im Anfangsstadium zu erkennen
- Konflikte nach Art und Dynamik einschätzen zu können
- mit eigenen und fremden Konfliktanteilen konstruktiv umgehen zu können

Unnötige Konflikte vermeiden heißt vor allem: Bedürfnisse erkennen und angemessen darauf reagieren. Davon handelt dieses Buch.

Und noch etwas: Sie lesen dieses Buch mit größerem Gewinn und Verständnis, wenn Sie die darin enthaltenen Übungen und Tests bearbeiten. Die Auflösungen finden Sie am Ende des Buches.

Paul Gamber

I. Konflikte erkennen

Der Konflikt muß aus der Sicht der Bedürfnisse, Gefühle und Interessen der Beteiligten definiert und verstanden werden. Sie möchten, daß Ihre Position verstanden wird. Sie wollen sich aber auch über die Position des anderen klarwerden.   *Thomas Gordon, „Manager-Konferenz"*

Worum es in diesem Kapitel geht

- Wie läßt sich der Konflikt definieren?
- Welche Bedingungen müssen gegeben sein, damit man von einem Konflikt sprechen kann?
- Wie unterscheiden sich Ziel-, Beurteilungs-/Wahrnehmungs-, Verteilungs-, Rollen- und Beziehungskonflikte?
- Wie hängen Sach- und Beziehungsebene miteinander zusammen?
- Wodurch eskalieren Konflikte?
- Wie erlebt die Person den Konflikt?
- Wie beeinflussen individuelle Konfliktstile das weitere Konfliktgeschehen?

Was ist ein Konflikt?

Konflikte gehören zu unserem täglichen Leben, ob im privaten oder beruflichen Bereich. Jeder von uns hat täglich mit kleineren oder größeren Konflikten zu kämpfen. Dennoch ist es eine keineswegs leichte Aufgabe, eine treffende Definition für Konflikt zu finden. Versuchen Sie's trotzdem einmal! Betrachten wir zunächst die folgenden Beispiele:

- Herr Petersen, eine hoffnungsvolle Nachwuchsführungskraft, befindet sich in einer anstrengenden Bewährungsphase in seinem Betrieb. Er möchte nach Feierabend lieber seine Ruhe haben, fühlt sich aber aus Karrieregründen verpflichtet, an gesellschaftlichen Veranstaltungen teilzunehmen.

- Herr Klinger, ein Vorgesetzter, beobachtet das häufige Zu-spätkommen eines Mitarbeiters, fühlt sich jedoch nicht in der Lage, diesen daraufhin anzusprechen.

- Ein Chef erwartet, daß seine Sekretärin eine gerade begon-nene Arbeit für eine andere liegen läßt. Die Sekretärin hält die gerade begonnene Arbeit für die dringendere.

- Herr Braun, ein Abteilungsleiter, muß seinen Mitarbeitern ein neues Organisationskonzept „verkaufen", gegen das sich seine Leute heftig zur Wehr setzen.

- Die Werbe- und die PR-Abteilung eines Unternehmens glau-ben jeweils über das bessere Konzept für eine Image-Kampagne zu verfügen.

- Zwei branchengleiche Unternehmen siedeln sich am gleichen Standort an und konkurrieren heftig um denselben Markt und Kundenkreis sowie um die Gunst der Gemeindeverwaltung.

Übung: Kennzeichen eines Konflikts

Schreiben Sie bitte auf, worin die genannten Beispiele Unterschiede und Gemeinsamkeiten aufweisen!

Unterschiede:

_____

_____

_____

_____

Gemeinsamkeiten:

_____

_____

_____

_____

Wie diese Beispiele zeigen, geht es bei Konflikten um unterschiedliche, ja gegensätzliche Wünsche, Erwartungen, Ziele, Werthaltungen oder auch um Kämpfe um Vorteile und Ressourcen.

> In der Psychologie wird Konflikt definiert als Kampf gegensätzlicher oder zwar gleichartiger, aber konkurrierender Handlungstendenzen.

Konflikte können auf den unterschiedlichen sozialen Ebenen auftreten: (s. Abb. 1 auf S. 12)

1. im Einzel-Individuum als Intra-Individueller Konflikt

2. zwischen Einzel-Personen als Inter-Personaler Konflikt

3. innerhalb einer Gruppe als Intra-Gruppen-Konflikt

4. zwischen Gruppen als Inter-Gruppen-Konflikt

5. zwischen Einzelpersonen und Gruppen als Personen-Gruppen-Konflikt

In Organisationen werden Konflikte auch auf verschiedenen Hierarchieebenen ausgetragen, beispielsweise zwischen Abteilungen, Stab und Linie, Vorstand und Aufsichtsrat, Betriebsrat und Belegschaft und so weiter. Diese Hierarchieebenen stellen zugleich Ebenen der Macht dar. Macht ist ein entscheidender Faktor im Konfliktgeschehen: Einerseits verhindern Machtstrukturen Konflikte, da sie Aufgaben- und Rollenverteilungen beinhalten, an die sich die Mitglieder im besten Falle halten und die ihnen Orientierung geben. Andererseits wirken alle Verhältnisse, in denen Macht nicht ein für allemal festgeschrieben ist, auch konfliktfördernd, da dort ständig um sie gerungen wird.

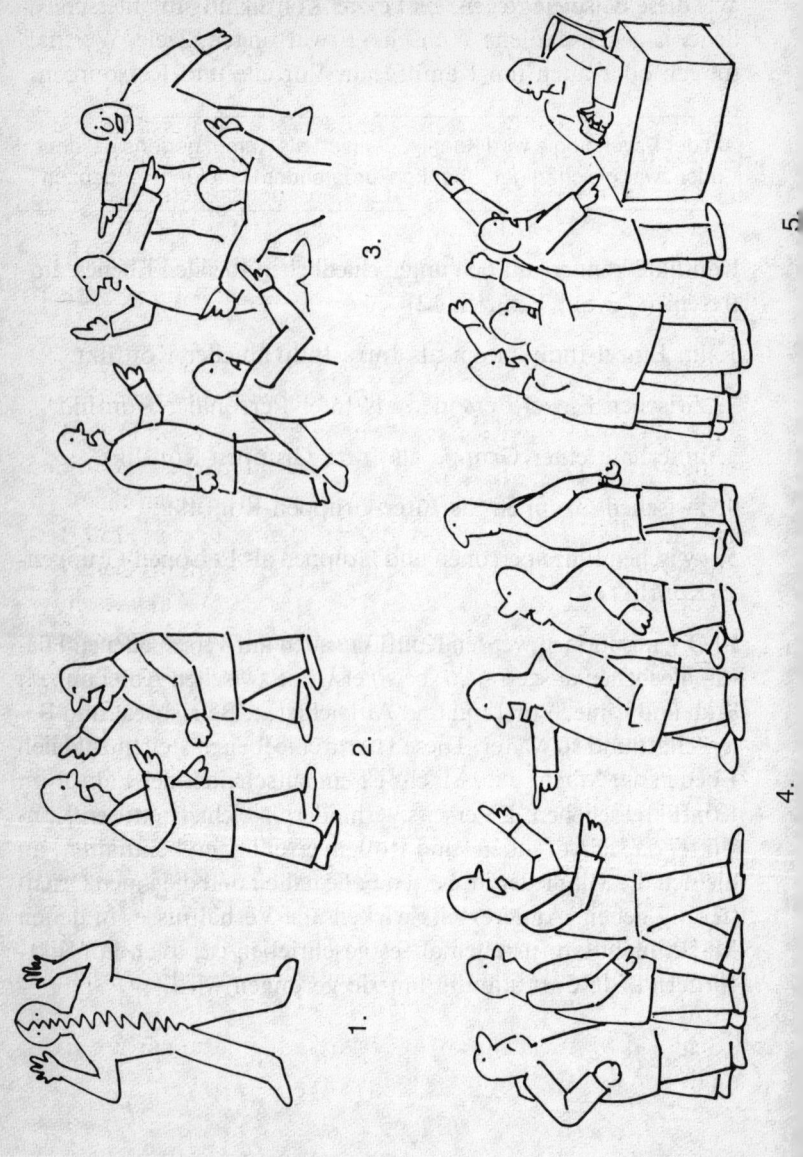

Abb. 1

Wodurch ist ein Konflikt bedingt?

Frau Berger ist Anfang Dreißig und Sachbearbeiterin in einem mittleren Pharma-Unternehmen. Bis vor kurzem arbeitete sie mit einer älteren Kollegin zusammen, mit der sie sich ausgezeichnet verstand. Als die Kollegin in Pension ging, stellte der Chef einen jüngeren Mitarbeiter aus seinem Bekanntenkreis ein. Der neue Kollege, Herr Lüdtke, ein „abgebrochener" Jura-Student, sollte von Frau Berger eingearbeitet werden.

Aus der Sicht von Frau Berger war sich Herr Lüdtke der Protektion des Chefs wohl bewußt, fühlte sich aufgrund seines Studiums auch als etwas „Besseres" und wollte sich von Frau Berger nichts sagen lassen. Tatsächlich bearbeitete er mit Vorliebe solche Vorgänge, bei denen er seine juristischen Kenntnisse „an den Mann bringen konnte", und überließ die anderen Frau Berger. Versuche von Frau Berger, mit ihrem Kollegen ins Gespräch zu kommen, scheiterten an dessen wortkarger und abweisender Art. Für Frau Berger wurden die Spannungen immer größer und die Zusammenarbeit mit ihrem jüngeren Kollegen immer schwieriger. Sie sah sich einfach in der schwächeren Position.

Sie begann, ihren Ärger in sich „hineinzufressen", wurde öfter krank und war am Arbeitsplatz meistens mißgelaunt.

Als es um eine Gehaltserhöhung ging, erwies sie sich in dem Verhandlungsgespräch mit ihrem Chef als ungewöhnlich impertinent und aggressiv. Ihr Chef fühlte sich in diesem Gespräch sogar „an die Wand gedrückt", was er gerade Frau Berger nie zugetraut hätte. Sie bekam die Gehaltserhöhung. Der Chef konnte sich dennoch keinen Reim auf Frau Bergers Verhalten machen.

Schauen wir uns den Fall näher an, und fragen wir uns, wodurch der Konflikt bedingt ist.

1. Unterschiedliche Zielsetzungen und Bedürfnisse

Jede der an dem Konflikt beteiligten Personen hat unterschiedliche Zielsetzungen, Bedürfnisse und Motive, die in diesem Fall miteinander kollidieren.

Frau Berger ist an einem guten menschlichen Arbeitsklima interessiert, wie sie es mit ihrer ehemaligen Arbeitskollegin gewohnt war. Natürlich möchte Frau Berger auch in ihrer Arbeit anerkannt werden, was ihr jedoch plötzlich – so sieht sie es jedenfalls – verweigert wird.

Herr Lüdtke ist zunächst einmal froh, trotz seines Studienabbruchs eine Arbeitsstelle gefunden zu haben. Gleichzeitig befindet er sich aber in einer Art Rollenkonflikt, denn ursprünglich wollte er ja Jurist werden und nicht Sachbearbeiter. Die Protektion seines Chefs erlaubt ihm aber, eine Sonderrolle zu spielen, nämlich die des Chef-,,Stellvertreters''. So kann er seine Minderwertigkeitsgefühle wegen des abgebrochenen Studiums kompensieren, stößt aber Frau Berger dadurch vor den Kopf.

Die Motivation des Chefs, gerade diesen Mitarbeiter einzustellen, kann mehrere Hintergründe haben: Er kennt ihn schon länger und er ist ihm sympathisch, das heißt, beide ,,können'' miteinander (obwohl der neue Kollege ja hauptsächlich mit Frau Berger zusammenarbeiten muß und nicht mit dem Chef). Außerdem verfügt der neue Mitarbeiter über nützliche Jura-Kenntnisse, was dem Chef vielleicht sogar einen teuren Haus-Juristen erspart.

2. Abhängigkeit und Machtgefälle

Der Chef trifft aufgrund seiner Machtfülle eine Entscheidung über Frau Bergers Kopf hinweg. Frau Berger befindet sich hingegen in einem Abhängigkeitsverhältnis, ihr Entscheidungsspielraum ist – im Vergleich zu ihrem Chef – gering.

Abhängigkeit ist ein potentieller Konfliktfaktor, denn sie schränkt ja individuelle Verhaltens- und Entscheidungsspielräume ein.

Bei relativer Unabhängigkeit treten Konflikte dagegen seltener auf: Zwei Eheleute, die getrennte Wege gehen und voneinander unabhängig sind, streiten sich nicht über die Wahl eines gemeinsamen Urlaubsorts; und zwei Abteilungen, die relativ unabhängig voneinander arbeiten, geraten seltener miteinander in Konflikt als solche, die auf ständige Zusammenarbeit angewiesen sind.

3. Persönliche Betroffenheit

Die Entscheidung ihres Chefs und das Verhalten des neuen Kollegen führten zu einer tiefen persönlichen Betroffenheit bei Frau Berger. Sie hat ja nicht nur eine menschlich warme Arbeitskollegin verloren, sondern ihre Arbeit scheint mit einem Mal weniger wert zu sein. Dadurch wird ihr Selbstwertgefühl angegriffen.

Würde sich Frau Berger nicht betroffen fühlen (etwa aus Gleichgültigkeit), so würde sie die neue Situation nicht als Konflikt erleben.

4. Spannungen und Lösungsdruck

Die persönliche Betroffenheit und relative Machtlosigkeit führen bei Frau Berger zu wachsenden Spannungen und zu einem inneren Lösungsdruck. Wir wissen nicht, weshalb Frau Berger nicht die offene Aussprache mit ihrem Chef sucht und statt dessen den Rückzug beziehungsweise die Krankheit als Lösungsweg wählt. Vielleicht fühlt sie sich als Opfer eines Komplotts und hat das Vertrauen in ihren Vorgesetzten verloren. Vielleicht traut sie es sich aufgrund ihrer Anspannung auch gar nicht zu, den Konflikt anzusprechen.

5. Unterschiedlichkeit des Konflikterlebens

Aufgrund ihrer Motive und Bedürfnisse erleben die Beteiligten den Konflikt höchst unterschiedlich. Frau Bergers Chef und Herr Lüdtke mögen mit der Situation zunächst sehr zufrieden sein. Erst aufgrund von Frau Bergers Verhalten wird ihnen klar, daß ein Konflikt vorliegt. Frau Berger fühlt sich subjektiv als Verliererin, also als die Hauptbetroffene. Ob es ihr gelingt, den Konflikt zu ihrer Zufriedenheit zu lösen, hängt davon ab, ob sie den Konflikt weiterhin verdrängt und es versäumt, ihn offenzulegen.

Woran erkennt man einen Konflikt?

Da — wie in unserem Beispiel — Konflikte meist nicht offen ausgetragen werden, ist ihre Existenz für Außenstehende oft nur aufgrund ihrer Symptomatik erkennbar. Solche Konfliktsymptome können sein:

Ablehnung, Widerstand: Es wird versucht, bewußt oder unbewußt den Konfliktgegner an der Erreichung seiner Ziele zu hindern. Arbeiten werden schlampig ausgeführt, Informationen nicht weitergeleitet usw.

Rückzug, Desinteresse: Beim Konfliktbetroffenen schwindet die Arbeitsmotivation sowie das Bedürfnis, sich menschlich zu äußern und zu öffnen.

Gereiztheit, Aggressivität, Feindseligkeit: Der Ärger, der zunächst „hinuntergeschluckt" wird, kommt bei anderer Gelegenheit zum Ausbruch. In unserem obigen Beispiel nahm Frau Berger erst das Gespräch über die Gehaltserhöhung zum Anlaß, um ihren Aggressionen gegenüber ihrem Chef Luft zu machen.

Auch versteckte Aggressionen (Widersprechen, die „kalte Schulter zeigen", Vergeßlichkeit, Nichtweitergabe von Informationen etc.) sind häufig die Folge unterschwelliger Konflikte.

Intrigen, Gerüchte: Um sich von ihrem psychischen Druck zu entlasten, neigen Konfliktbetroffene dazu, durch Intrigen und Gerüchte die Gegenpartei zu behindern und schlechtzumachen und sich gleichzeitig der Unterstützung durch Dritte zu versichern.

Sturheit, Unnachsichtigkeit: Als Folge der psychischen Belastung und der (einseitigen) Schuldzuweisung zur gegnerischen Partei hin schwindet auch die Empathie, das heißt, die Fähigkeit und Bereitschaft, sich in die Probleme, Motive und Sichtweisen des anderen hineinzuversetzen. Man kapselt sich innerlich ab. Der eigene Standpunkt wird über Gruppeninteressen gestellt.

Formalität, Überkonformität: Aufgrund ihrer Konfliktangst (Angst, Betroffenheit zu zeigen, Angst vor Offenlegung und vor eventuellen negativen Konsequenzen) zeigen untergeordnete Personen gegenüber dem übergeordneten und mächtigeren Konfliktgegner oft ein Übermaß an Formalität und Konformität.

Selbst Überfreundlichkeit und überbetontes Interesse sind meist ein sicheres Zeichen für einen verborgenen Konflikt.

Körperliche Symptome, Krankheit: Konflikte sind auch mit körperlichen Reaktionen verbunden (Streß, erhöhter Blutdruck, Schwächung des Immunsystems). Nicht selten nehmen diese überhand, vor allem wenn die Situation als aussichtslos oder als nicht bewältigbar eingeschätzt wird, und führen schließlich zu „echten" Krankheiten.

Auch hohe Fehlzeiten, hohe Fluktuation und schlechtes Betriebsklima können Symptome für unterschwellige und unausgetragene Konflikte sein.

Welche Arten von Konflikten gibt es?

Konflikte lassen sich nach ihren Ursachen und nach den Situationen, in denen sie auftreten, klassifizieren. Wir wollen im weiteren fünf Grundarten unterscheiden:

1. Zielkonflikte

2. Beurteilungs-/Wahrnehmungskonflikte

3. Rollenkonflikte

4. Verteilungskonflikte

5. Beziehungskonflikte

Zielkonflikte

Abb. 2

Ein Zielkonflikt ist dann gegeben, wenn zwei oder mehrere voneinander abhängige Parteien gegensätzliche beziehungsweise konkurrierende Absichten und Zielsetzungen verfolgen. Das kann zum Beispiel so aussehen:

- Abteilung A möchte höhere Produktivität.
  Abteilung B möchte höhere Arbeitszufriedenheit.
- Ein Vater möchte, daß sein Sohn einen bürgerlichen Beruf ergreift. Der Sohn möchte Künstler werden.

Wie wir gesehen haben, hatten auch Frau Berger und ihr Chef unterschiedliche Ziele, was die Nachfolge von Frau Bergers ausgeschiedener Arbeitskollegin betraf.

Ein Zielkonflikt liegt auch dann vor, wenn Entscheidungen über den Kopf von Betroffenen hinweg (etwa von Frau Berger) getroffen werden. Insbesondere dann, wenn die Entscheidung mit den Zielen der Betroffenen unvereinbar ist.

Häufige Ursachen für Zielkonflikte sind:

- mangelnde Absprache
- mangelnde Koordination

Beurteilungs-/Wahrnehmungskonflikte

Abb. 3

Im Unterschied zu reinen Zielkonflikten streiten sich bei Beurteilungskonflikten zwei Parteien über die Beurteilung des Weges, auf dem ein gemeinsames Ziel erreicht werden soll.

– Die Werbeabteilung und die PR-Abteilung eines Unternehmens haben das gemeinsame Ziel, die Akzeptanz bei den Bürgern ihres Standortes zu erhöhen, streiten sich aber über Konzeptionen, wie dieses Ziel erreicht werden kann.

Möglicherweise unterscheiden sich Konfliktparteien auch durch die unterschiedliche Beurteilung beziehungsweise Wahrnehmung einer gemeinsam erlebten Situation.

– Herr Meuter liebt spannende Fernseh-Krimis mit viel „Action", seine Frau dagegen verabscheut jegliche Art von Gewaltdarstellung.

– Die Anwohner eines Standortes beurteilen die Umweltpolitik eines Unternehmens anders als dessen Vorstand.

– Ein Unternehmensberater stellt in einer Präsentation ein neues Organisationskonzept vor. Vertreter der Geschäftsleitung und der Belegschaft haben unterschiedliche Meinungen über dessen Realisierbarkeit.

Wie wir gesehen haben, beurteilen die Betroffenen eines Konflikts oder eines Meinungsstreits die Situation aus ihrem jeweiligen Blickwinkel. Der Blickwinkel hängt davon ab, wo und auf wessen Seite man steht und über welche Informationen man verfügt.

Auch im Fall „Berger" müssen wir von ganz unterschiedlichen Sichtweisen der Beteiligten ausgehen. Stellen wir uns vor, wir befragten Frau Bergers Chef und Herrn Lüdtke, ihren Arbeitskollegen: „Meine Herren, wie erklären Sie sich das Verhalten Ihrer Mitarbeiterin?"

Zunächst der Chef von Frau Berger: „Also Genaues weiß ich nicht. Vielleicht hängt Frau Bergers Unzufriedenheit mit ihrem neuen Arbeitskollegen, Herrn Lüdtke, zusammen. Aber ich kenne Herrn Lüdtke schon seit langer Zeit und schätze ihn als außerordentlich korrekt und zuverlässig. Ich kann mir nicht vorstellen, daß jemand mit ihm nicht auskommen könnte. Aber gut, ich werde mit Frau Berger demnächst einmal über die Sache reden."

Und Herr Lüdtke würde vielleicht antworten: „Also ich weiß wirklich nicht, was die hat. Schon vom ersten Tag an hat sie mich schief angesehen. Obwohl ich ihr nie etwas getan oder gesagt habe. Am besten, dachte ich mir, sag ich gar nichts mehr zu ihr und beschränke mich auf das rein Geschäftliche."

Häufige Ursachen für Bewertungs-/Wahrnehmungskonflikte sind:
- mangelnde Information
- unterschiedlicher Kenntnisstand
- unterschiedliche Einstellungen
- mangelnde Fähigkeit, sich in andere hineinversetzen zu können (Empathie)

Verteilungskonflikte

(s. Abb. 4 auf S. 22)

Konflikte ergeben sich häufig aufgrund der subjektiv als ungerecht empfundenen Zuteilung von Ressourcen (Mitteln).

- Mitarbeiter X wird auf eine attraktive Auslandsreise geschickt, die Mitarbeiter Y aufgrund seiner Funktion, Kompetenz und Arbeitsleistung für sich beansprucht.
- Abteilung A fühlt sich schlechter mit Mitteln versorgt als Abteilung B.

Auch bei Verteilungskonflikten geht es meist nur nach außen hin um die Sache. Der innere Konfliktauslöser ist in der Regel die mangelnde psychologische Zuwendung.

- Mitarbeiter Y, der vergeblich auf die Auslandsreise spekuliert hat, fühlt sich in seiner Funktion und Kompetenz, ja in seiner Person zurückgesetzt.
- Abteilung A zeigt Verstimmung über die offensichtlich größere Aufmerksamkeit, die Abteilung B zuteil wird.

Im Arbeitsleben wird oft die Höhe des Gehalts als Gradmesser der beruflichen Wertschätzung und Anerkennung angesehen. Es kommt daher nicht selten vor − wie etwa bei Frau Berger −, daß umgekehrt ein empfundener Mangel an Anerkennung und psychologischer Zuwendung in einen Verteilungskonflikt (Gehaltsforderungen) mündet.

> Ursachen für Verteilungskonflikte:
> - mangelnde Ressourcen
> - ungerechte Verteilung
> - mangelnde psychologische Zuwendung

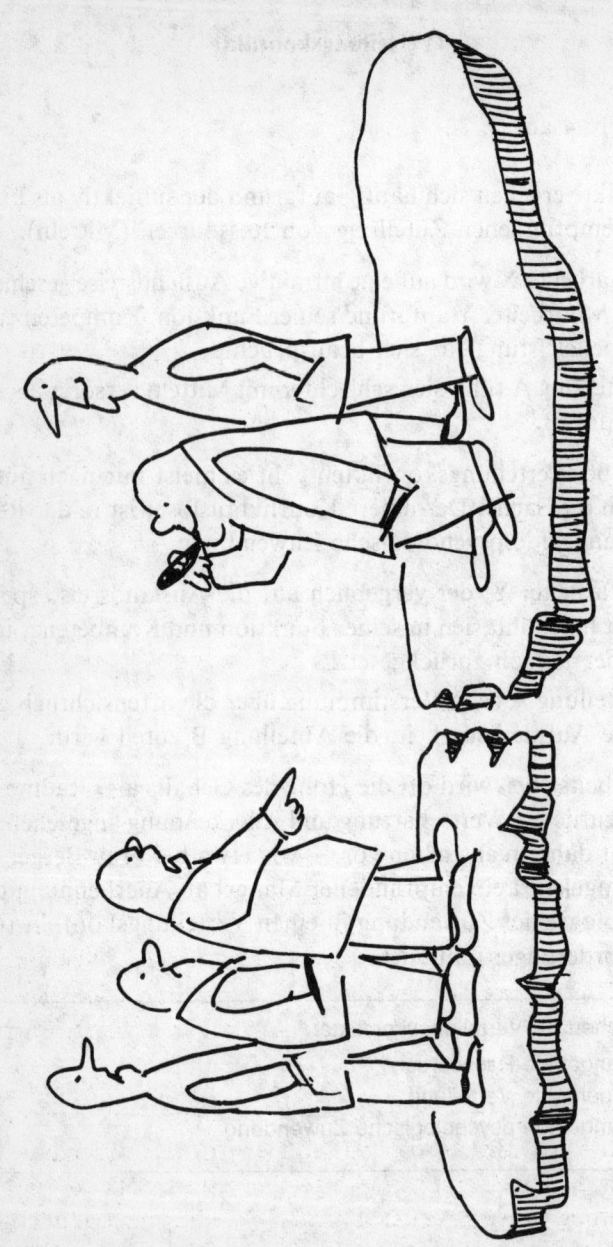

Abb. 4

Rollenkonflikte

Abb. 5

Die meisten Menschen in unserem Kulturkreis gehören für gewöhnlich einer Vielzahl von Gruppen an (Familie, Paar-Beziehung, Arbeitsgruppe, Vereine, Freundes- und Bekanntenkreis). Gruppen bieten ihren Mitgliedern Orientierung und Identität. Gleichzeitig wird von jedem Gruppenangehörigen ein bestimmtes Rollenverhalten erwartet. Dies kann leicht zu inneren Konflikten führen, besonders dann, wenn ein häufiger Rollenwechsel stattfindet. Oft ist es die Angst vor neuen Erwartungen, die einen inneren Konflikt auslöst.

– Herr Seiler, ein junger Ingenieur, der sich bisher fast ausschließlich mit technischen Dingen zu befassen hatte, bekommt eine Führungsfunktion übertragen, in der er Verantwortung für eine größere Anzahl von Mitarbeitern übernehmen muß.

– Herr Martin wird in eine andere Abteilung versetzt. In seiner alten Abteilung fühlte er sich außerordentlich wohl. Nun befürchtet er Schwierigkeiten, da er gehört hat, daß an seinem neuen Arbeitsplatz andere Wertmaßstäbe gelten (etwa hinsichtlich der Pünktlichkeit und des äußeren Erscheinungsbildes).

Gerade die Rolle als Vorgesetzter stellt so manche Führungskraft vor Probleme: Ist man nur Direktor-,,Darsteller'', oder hat man die entsprechende Autorität? Meist stellt sich die Rollenerfüllung erst im Laufe der Zeit ein, weil auch andere sich erst an den Rollenträger und seine Rolle gewöhnen müssen.

Auch in unserem Fallbeispiel hatten wir bei Herrn Lüdtke einen möglichen Rollenkonflikt diagnostiziert, nämlich seine Rolle als ,,abgebrochener'' Student, die er möglicherweise dadurch zu kompensieren versucht, daß er Frau Berger gegenüber die ,,Chef-Rolle'' einnimmt. Das Problem von Frau Berger besteht demgegenüber darin, daß ihre bisherige Rolle durch den neuen Kollegen in Frage gestellt wird. Bei beiden ist dadurch eine Unsicherheit bezüglich ihrer Rollen entstanden.

Ursachen für Rollenkonflikte:
– häufig wechselnde Rollenübernahme
– Rollenunsicherheit beziehungsweise das Unvermögen, sich in verschiedene Rollen hineinbegeben zu können (Rollenambiguität)

Beziehungskonflikte

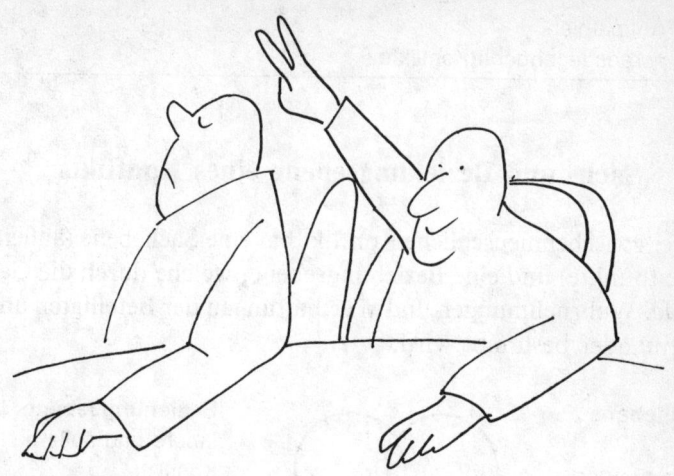

Abb. 6

Konflikte zwischen Personen und Gruppen ergeben sich häufig aufgrund von Verstimmungen und Antipathien.

– Herr Müller, Betriebs-Meister, mag Herrn Eggert, den Abteilungsleiter, nicht, weil er an dessen forschem Auftreten Anstoß nimmt.

Die tieferen Ursachen für solche Antipathien können zum einen in der Persönlichkeitsstruktur der Betroffenen liegen, in der Unterschiedlichkeit ihrer Wertesysteme, Wahrnehmungs-, Deutungs- und Verhaltensmuster. Der Grund, weshalb Herr Müller Herrn Eggert nicht besonders mag, könnte beispielsweise darin liegen, daß „forsches Auftreten" nicht in das Wertesystem von Herrn Müller paßt.

Beziehungskonflikte können aber auch das Ergebnis von vorausgegangenen Konflikterfahrungen sein. Vielleicht erinnert Herrn Müller das Verhalten von Herrn Eggert an einen unbewältigten Konflikt mit einer sich ähnlich verhaltenden Person. Möglicherweise hatten Herr Müller und Herr Eggert auch einen früheren Sachkonflikt, in dem Herr Müller der Verlierer war.

Ursachen für Beziehungskonflikte:
– Antipathien
– vorausgegangene Konflikte

Sach- und Beziehungsebene eines Konflikts

Jeder zwischenmenschliche Konflikt hat eine Sachebene (äußere Streitpunkte) und eine Beziehungsebene, welche durch die Gefühle, Wahrnehmungen und Werthaltungen der Beteiligten untereinander bestimmt wird.

Sachebene
Ziele
Bewertungen
Ressourcen
Rollen

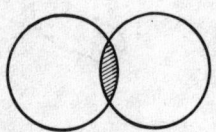

Beziehungsebene
innere und äußere
Konflikte

Auf der Sachebene geht es um äußere Streitpunkte. Etwa um Ziele, über die man sich verständigen kann, auch wenn es unterschiedliche Meinungen und Bewertungen gibt. Oder man streitet über die Verteilung von Mitteln, und zwar nach Kriterien der Gerechtigkeit, Wirtschaftlichkeit, sozialen Notwendigkeiten und so weiter. Auch über Rollen und Rollenerwartungen im Beruf kann man sich vernünftig auseinandersetzen.

Auf der Beziehungsebene wirken sich dagegen eher sachunabhängige Faktoren aus: Vorurteile, Animositäten, nicht selten innere Konflikte. Man stelle sich etwa eine ,,Diskussion'' vor über ein modernes Kunstwerk – zwischen zwei Kunstprofessoren, die sich einander ,,nicht grün sind''.

In dem Moment, in dem eine negative Beziehungsebene involviert ist, kann man mit Sicherheit davon ausgehen, daß Entscheidungen auf der Sachebene darunter leiden, oftmals unmöglich gemacht werden.

Dies gilt übrigens nicht nur für subjektive Beurteilungsfragen (Geschmacksfragen), sondern selbst für angeblich wissenschaftlich „überprüfbare" Sachverhalte (etwa die Höhe der Schadstoffemissionen einer Fabrik).

Die Art und Weise, mit der Sachkonflikte ausgetragen werden, wirkt sich wiederum auf die Beziehungsebene aus.

Das bedeutet auch, daß Sachkonflikte leicht zu Beziehungskonflikten werden können und umgekehrt.

Konflikte treten in den seltensten Fällen als reine Sach- oder reine Beziehungskonflikte in Erscheinung, sondern stets als eine Mischung von beiden. Und ungelöste Sachkonflikte münden fast immer in einen Beziehungskonflikt und umgekehrt.

Wie Konflikte entstehen und weshalb sie eskalieren

Konflikte haben also ihren Ursprung auf der Sachebene (als Ziel-, Beurteilungs-, Rollen- oder Verteilungskonflikt) oder auf der Beziehungsebene, und sie haben die Tendenz, beide Ebenen miteinander zu vermischen. Der eigentliche Ausgangspunkt ist oft ein harmloser Anlaß.

Fallbeispiel:

Ein Vorgesetzter hat auf einer Betriebsfeier einem jungen aufstrebenden Mitarbeiter − vor allem aus einer „Bierlaune" heraus − eine Beförderung in Aussicht gestellt, diese dann aber nicht in die Tat umgesetzt. Er hat den Fall einfach danach verdrängt.

Konflikt im Vorgesetzten

Konflikt im Mitarbeiter

Er hat persönlich nichts gegen den Mitarbeiter, hält ihn für eine Beförderung jedoch noch zu jung.
Außerdem ist seine eigene Position im Betrieb derzeit geschwächt, so daß er die Beförderung ohnehin nicht hätte durchsetzen können.

Er hat sich auf die Beförderung sehr gefreut und sie quasi „fest eingeplant".
Daß er nun nicht befördert wurde, kränkt ihn sehr.

Er entschließt sich, den Konflikt weiterhin zu verdrängen.

Mehrmals hat er versucht, seinen Chef daraufhin anzusprechen, bekam aber nur ausweichende und hinhaltende Antworten.

Er ist demotiviert und zeigt zunehmend schlechtere Arbeitsleistungen.

Das gibt ihm eine nachträgliche Bestätigung dafür, daß er mit seiner „Entscheidung" recht gehabt hat.

Er findet häufiger Anlässe, um seinen Mitarbeiter zu kritisieren.

Er fühlt sich von seinem Chef verraten und „schaltet auf stur".

Konflikt zwischen Vorgesetztem und Mitarbeiter: Gereiztheit, Mißtrauen, Distanz.

Ausgangspunkt ist hier offenbar ein Zielkonflikt zwischen Mitarbeiter und Vorgesetztem. Ersterer hätte gerne eine Beförderung, letzterer bringt sie trotz seines Versprechens nicht zustande. Das Verhalten des Vorgesetzten ist erklärbar als innerer Rollenkonflikt (unsicherer Status innerhalb des Betriebs), der in einen Beurteilungskonflikt mündet. (Ist der Mitarbeiter noch zu jung für die Beförderung oder nicht?) Auch der Mitarbeiter befindet sich in einem inneren Konflikt. (Soll er den Vorgesetzten auf sein Versprechen „festnageln"?) Schließlich ergibt sich aus den daraus folgenden Verhaltensweisen des Vorgesetzten (Verdrängung, Nichteinhaltung eines Versprechens) und des Mitarbeiters (Leitstungsverweigerung) ein Beziehungskonflikt.

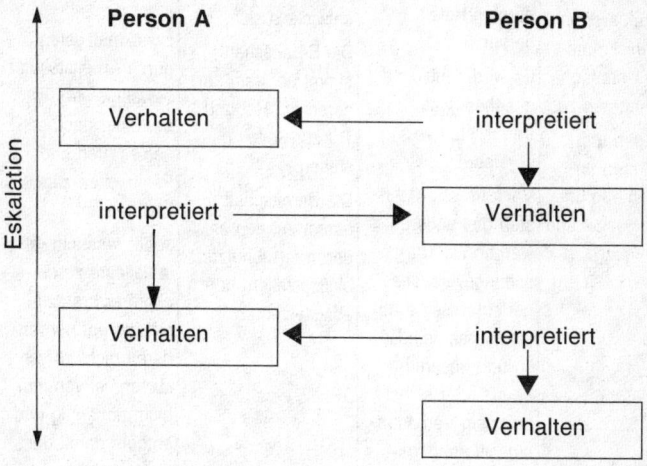

Konflikte haben also ihre Innenseite (Gedanken, Gefühle, Wahrnehmungen, Einstellungen) und ihre Außenseite (Verhaltensweisen, Kommunikation). Beide Ebenen beeinflussen sich wechselseitig. Das Verhalten des einen Konfliktbeteiligten bedingt schließlich die Reaktionsweisen des anderen.

Wird über die Ursachen des Konflikts, in diesem Falle also über die unterschiedlichen Erwartungen und Motive, nicht gesprochen, droht der Kontakt weiter zu eskalieren. Das Mißtrauen wird auf beiden Seiten zunehmen, aber auch Fehlinterpretationen hinsichtlich der Beweggründe der anderen Partei. Man wird sich immer häufiger aus dem Wege gehen und nicht mehr wie gewohnt miteinander kooperieren können. Möglicherweise wird man sich, wenn der Konflikt weiter eskaliert, gegenseitig verdächtigen, behindern oder gar bedrohen.

Merkmale eines zwischenmenschlichen Konflikts			
Kommunikation	Wahrnehmung	Einstellung	Aufgabenbezug
Ist nicht offen und aufrichtig. Information ist unzureichend oder bewußt irreführend. Geheimniskrämerei und Unaufrichtigkeit nehmen zu. Drohungen und Druck treten an die Stelle von offener Diskussion und Überzeugung.	Unterschiede und Differenzen in Interessen, Meinungen und Wertüberzeugungen treten hervor. Es wird deutlicher gesehen, was trennt, statt was verbindet. Versöhnliche Gesten des anderen werden als Täuschungsversuche gedeutet, seine Absichten als feindselig und bösartig beurteilt, er selbst und sein Verhalten einseitig und verzerrt wahrgenommen.	Vertrauen nimmt ab und Mißtrauen zu. Verdeckte und offene Feindseligkeit entwickeln sich. Die Bereitschaft nimmt ab, dem anderen mit Rat und Tat zur Seite zu stehen. Die Bereitschaft nimmt zu, den anderen auszunutzen, bloßzustellen, herabzusetzen.	Die Aufgabe wird nicht mehr als gemeinsame Anforderung wahrgenommen, die am zweckmäßigsten durch Arbeitsteilung bewältigt wird, in der jeder nach seinen Kräften und Fähigkeiten zum Ziel beiträgt. Jeder versucht, alles alleine zu machen: er braucht sich so auf den anderen nicht zu verlassen, ist von ihm nicht abhängig und entgeht damit der Gefahr, ausgenutzt und ausgebeutet zu werden.

(nach: *Deutsch* 1976)

Konflikte haben, wenn sie nicht rechtzeitig erkannt und bearbeitet werden, die Tendenz zu eskalieren.

Die Dynamik der Eskalation

Der Organisations-Psychologe F. Glasl unterscheidet *neun* Stufen der Eskalation, die ich hier in leicht veränderter Form wiedergebe. Konflikte haben nach Glasl „heiße" und „kalte" Phasen, das heißt, es wechseln Konfrontations-Phasen mit Phasen des Rückzugs.

1. Stufe: Verstimmungen (heiß)

Die Konfliktparteien zeigen sich verstimmt über einen mehr oder minder schweren Anlaß. Beispiele dafür können sein:

- Der andere vergaß zu grüßen.
- Man fühlt sich übersehen, übergangen, nicht genug beachtet.
- Ein Arbeitskollege raucht ständig, führt Privatgespräche am Telefon.
- Ein Vorgesetzter trifft Entscheidungen, ohne seine Mitarbeiter rechtzeitig zu informieren, oder er unterläßt eine vom Mitarbeiter erwartete Entscheidung.

2. Stufe: Debatten (heiß)

Nun wird der Konflikt entweder „auf den Tisch" gebracht, das heißt, die Konfliktparteien treten in einen offenen Streit, wobei zunächst jede Partei auf ihrer Meinung beharrt und die Argumente der anderen nicht gelten lassen will. Eine Debatte von dieser Art bringt noch keine endgültige Konfliktlösung. Eine sachliche Auseinandersetzung könnte aber den Konflikt schon an dieser Stelle beenden oder zumindest entschärfen.

Oder der Konflikt wird „unter den Teppich gekehrt". Wie in unserem Fallbeispiel wird die Debatten-Stufe meist übersprungen, eine offene Auseinandersetzung findet also nicht statt.

3. Stufe: Kontaktabbruch (kalt)

Die Spannungen zwischen den Konfliktparteien werden größer, so daß es immer schwerer fällt, das eigentliche Problem anzusprechen. Man geht sich aus dem Weg. Die gegnerische Konfliktpartei wird zunehmend „mit anderen Augen gesehen". Zuvor Verbindendes wird verdrängt und Trennendes wird um so mehr hervorgehoben. (In den Augen des Vorgesetzten wird der Mitarbeiter für eine Beförderung immer ungeeigneter − für den Mitarbeiter wird der Chef immer undurchschaubarer und ungerechter.)

Sofern es nicht möglich ist, etwa aus räumlichen oder arbeitstechnischen Gründen, der anderen Konfliktpartei aus dem Weg zu gehen, können schon hier erste körperliche Krankheitssymptome auftreten: Übelkeit, Kopfschmerzen, gesteigerte Reizbarkeit und ähnliches.

4. Stufe: Soziale Ausweitung (kalt)

Die Spannungen zwischen den Kontrahenten nehmen zu. Um sich psychisch zu entlasten, versuchen die Konfliktparteien, Verbündete für ihre jeweilige Sichtweise des Konflikts zu gewinnen. Drittpersonen werden dann, gewollt oder ungewollt, zu Beteiligten des Konflikts.

5. Stufe: Strategie (kalt)

Die Konfliktparteien haben sich von Drittpersonen Rückendeckung verschafft. Nach Phasen der Selbstzweifel sehen sie sich in ihren Standpunkten bestätigt. Nun, da sie zu neuem Selbstbewußtsein gelangt sind, besteht die Neigung, in der Phantasie Strategien auszuarbeiten, wie man den Konfliktgegner unter Druck setzen und sich selbst gegen erwartete Angriffe wirksam schützen kann. Es besteht auch der Wunsch, die (gedanklichen) Strategie-Konzepte des Gegners zu erkennen, um sie gegebenenfalls durchkreuzen zu können.

6. Stufe: Drohung/Begrenzte Gewaltanwendung (heiß)

Auf dieser Stufe wird der Konflikt zum alles beherrschenden Thema. Er bestimmt die Wahrnehmungen, Gedanken, Gefühle der Beteiligten. Die Konfliktparteien erweisen sich nicht nur als immer weniger kooperationsbereit, sondern neigen immer mehr dazu, Druck auszuüben und die Ziele der anderen Partei zu sabotieren, etwa durch Behinderungen, Intrigen, Gerüchte, Verweigerungen und so weiter. Art und Intensität der Gewaltanwendung bleiben jedoch begrenzt.

7. Stufe: Regelbruch (kalt)

Die Konfliktparteien neigen zunehmend zu paranoiden (Paranoia = Verfolgungswahn) Wahrnehmungs- und Deutungsmustern. Dem Gegner werden dann noch schlimmere Absichten unterstellt, als man selbst hat. Eine ungeschickte Äußerung, ein Formfehler oder eine Verschlechterung der eigenen Situation, die als das Werk des Gegners aufgefaßt wird, kann als Wendemarke in der Konfliktentwicklung angesehen werden. Der Konflikt tritt nun in eine neue Dimension.

8. Stufe: Angriffe aufs Hinterland (heiß)

Auf dieser Stufe kommt es zur offenen Sabotage und Behinderung der gegnerischen Ziele, mit der Absicht, die Machtbasis des Gegners zu zerstören. Außerdem ereignen sich massive Angriffe auf dessen Person, wobei auch tatsächliche oder vermeintliche Verbündete der Gegenpartei nicht ausgenommen werden.

9. Stufe: Totaler Krieg (heiß)

In dieser Phase ist alles Bestreben der Konfliktparteien daraufhin ausgerichtet, den Gegner, wenn nicht physisch, so doch psychisch, beruflich oder gesellschaftlich zu zerstören, auch auf die Gefahr hin, daß man selbst in gesundheitlicher, materieller oder sozialer Hinsicht massive Nachteile davonträgt.

> Wenn Konflikte eskalieren, wechseln dabei „heiße" und „kalte" Phasen. Je höher der Konflikt eskaliert ist, desto schwieriger wird es, ihn auf eine darunterliegende Stufe zurückzuführen.

Aufgrund der Darstellung des Eskalationsschemas könnte nun der Eindruck entstehen, daß sich die Konfliktparteien jeweils auf der gleichen Eskalationsstufe befinden. In Wirklichkeit ist das aber nicht oder nur selten der Fall. In der Regel ist es eher so, daß die Konfliktparteien den Konflikt ganz unterschiedlich erleben.

Da verhält sich beispielsweise ein Chef seiner Sekretärin gegenüber höchst unsensibel. Er lobt sie selten, überhäuft sie mit Arbeit, vergißt oft, sie Besuchern vorzustellen; außerdem hat er die Angewohnheit, sich mit ihr zugewandtem Rücken auf die Kante ihres Schreibtischs zu setzen. Er stellt zwar fest, daß seine Sekretärin häufig schlechtgelaunt ist, Arbeiten unkonzentriert erledigt und ihm oft in Sachfragen widerspricht. Eine Erklärung dafür hat er jedoch nicht.

Den Konflikt nimmt hier als erste die Sekretärin wahr. Für den Chef ist es ja noch kein Konflikt. Erst wenn sich bei der Sekretärin die ersten Konfliktsymptome melden, mag der Chef, je nachdem, wie er diese Symptome deutet, einen Konflikt darin sehen. Nun käme es darauf an, wie er reagiert. Es ist sehr gut möglich, daß sich Partei A bereits auf Stufe 3 (Kontaktabbruch) befindet, während es Partei B noch nicht einmal bewußt ist, daß sich A in einem Konflikt mit ihr befindet. Es können auch einzelne Eskalationsstufen übersprungen werden. Denkbar ist, daß sich Partei A erst auf Stufe 3 (Kontaktabbruch) befindet, während Partei B bereits bei Stufe 5 (Strategie-Phase) angelangt ist.

Wie Konflikte wahrgenommen werden

Die Ursachen von Konflikten liegen meist nicht in objektiven Tatbeständen, sondern in den Einstellungen, Werthaltungen und Wahrnehmungen, die bestimmen, wie eine Person die jeweilige Situation erlebt und bewertet. Aus der Art, wie eine Situation bewertet wird, resultiert schließlich das sichtbare Verhalten der Konfliktbeteiligten.

Stellt man sich aber die Frage, weshalb Menschen in Konfliktsituationen so unterschiedlich reagieren, ja weshalb sie dieselben Situationen ganz unterschiedlich bewerten, so muß man die Antwort hierauf zunächst in ihrer individuellen Lerngeschichte suchen.

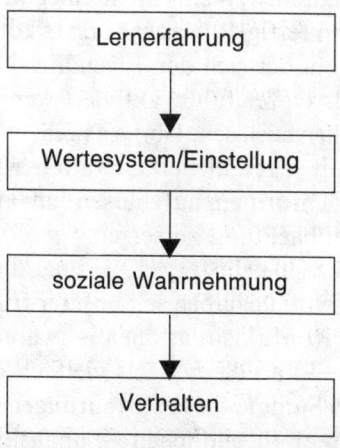

Lernerfahrung

Gelernt wird zunächst einmal durch gute und schlechte Erfahrungen. Lernerfahrungen werden prinzipiell auf dreierlei Weise gemacht:

- durch eigenes Verhalten und Erleben
- durch beobachtetes Verhalten und Erleben
- durch berichtetes Verhalten und Erleben (mündlich, schriftlich)

Das bedeutet auch, daß unsere Erfahrungen in hohem Maße von der Kultur und dem Milieu, in dem wir aufgewachsen sind, mitbestimmt werden.

Nehmen wir zum Beispiel an, ein Jugendlicher wuchs in einem sehr ungünstigen sozialen Milieu auf. Der Vater kam häufig betrunken nach Hause und verprügelte Frau und Kinder. In seinem Freundeskreis galten ähnlich rigide Verhaltensnormen: Nur der Stärkere konnte sich durchsetzen. Neben seinen vielen konkreten Erinnerungen an Gewaltszenen in seiner Familie und in seiner Clique, deren Opfer er häufig war, hat er eine Lebensanschauung, ein System von Motiven und Handlungs-Schemata entwickelt, in der sich seine (negativen) Erfahrungen verdichten. Diese verdichtete Erfahrung könnte beispielsweise in einem Satz formuliert lauten: ,,Wenn mich einer ‚dumm anmacht‘, dann mach’ ich ihn fertig!‘‘ Dieser Vorsatz könnte in einer kritischen Situation, in der sich der Jugendliche ähnlich wie früher hilflos und als Opfer fühlt, aktiviert werden und das entsprechende Verhalten auslösen. Übrigens geht es bei Anti-Aggressions-Trainings mit jugendlichen Gewalttätern gerade darum, diese inneren Sprachformeln aufzulösen, um an ihre Stelle eine kritische Selbstbeobachtung zu setzen.

Nun werden Sie vielleicht fragen, was hat dieses Beispiel mit mir zu tun? Nun, wir alle haben seit unserer frühesten Kindheit Erfahrungen mit Konfliktsituationen − wahrscheinlich überwiegend negative −, an die wir uns vielfach nicht mehr konkret erinnern. Die Summe dieser Erfahrungen liegt aber − genau wie bei unserem Jugendlichen − unauslöschlich in unserem Gedächtnis vor. Das bedeutet, daß in bestimmten Situationen, in denen negative Erfahrungen wieder re-aktiviert werden, das Gedächtnis die entsprechenden sprachlichen Vorsatzbildungen bereitstellt. ,,Ich lasse mir von niemandem etwas gefallen!'' ist ein Satz, den man in diesem Zusammenhang oft hört. Er stellt für viele die verdichtete Abstraktion ihrer gesamten Konflikterfahrungen dar und führt ungeprüft und fast automatisch zu den entsprechenden Verhaltensmustern.

Wertesysteme und Einstellungen

In ähnlicher Weise gilt, daß spezifische Erfahrungen sehr stark das Normen- und Wertesystem eines Menschen beeinflussen. Wer gelernt hat, Konflikte allein mit Durchsetzung und Gewalt zu ,,lösen'', dessen Normensystem sieht auch die entsprechenden Handlungsmuster und inneren Regieanweisungen vor. Wenn die eigenen Wertesysteme und Einstellungen mit denen anderer kollidieren, kann dies zu Konflikten führen.

Herr Albert ist Buchhalter und schon seit seiner frühesten Kindheit an Ordnung, Sauberkeit und Pünktlichkeit gewöhnt. Sein Chef, Herr Bertram, ist ein junger kreativer Marketing-Fachmann, der sich im Chaos am wohlsten fühlt. Jedesmal wenn Herr Albert das unaufgeräumte Büro seines Chefs betritt, bekommt er allein schon von diesem Anblick Magenschmerzen, die auch durch das freundliche Lächeln von Herrn Bertram nicht nachlassen.

Soziale Wahrnehmung

Die soziale Wahrnehmung, das heißt die Wahrnehmung von Verhaltensweisen und Beweggründen von Personen, ist für gewöhnlich nicht objektiv, sondern sie wird in hohem Maße mitbestimmt von den Einstellungen, Bedürfnissen, Werthaltungen, Vorerfahrungen und Vorurteilen des Betreffenden.

Jeder Mensch ist bestrebt, mit sich selbst und mit seiner sozialen Umwelt in Harmonie zu leben. Die Person möchte sich als abgeschlossenes und konsistentes Wesen begreifen. Abweichende Wahrnehmungen, die mit dem Selbstverständnis des Beobachters nicht übereinstimmen, lösen innere Widersprüche, sogenannte kognitive Dissonanzen (von lat. cognoscere = erkennen, erfahren) aus, die manchmal sogar als Bedrohungen empfunden werden und erst verarbeitet werden müssen. Oft sieht dann die Verarbeitung so aus, daß, um das eigene Weltbild (und damit auch die eigene psychische Stabilität) aufrechtzuerhalten, äußeres Geschehen verzerrt wahrgenommen wird. Es wird nur das gesehen, was man sehen will. So werden die eigenen Vorurteile natürlich nur bestätigt.

Ein Werksmeister hat Vorurteile gegenüber dunkelhäutigen ausländischen Mitarbeitern. Er hält sie für faul und unzuverlässig. Zufällig beobachtet er einen solchen Mitarbeiter, wie er sich mit einem Landsmann unterhält, statt zu arbeiten. Der Meister reagiert darauf mit wildem Gebrüll und droht, den Mitarbeiter zu entlassen, wenn er ihn noch einmal beim „Pausieren" erwischen sollte.

Vorurteile und Wahrnehmungstäuschungen kommen oftmals durch das zustande, was in der Sozialpsychologie als „unterrepräsentierter Kontakt" bezeichnet wird. Aus wenigen Begegnungen mit einer Person, manchmal auch nur aufgrund von Gerüchten, wird auf die Gesamtpersönlichkeit des Betroffenen geschlossen: Einmal beim „Pausieren" erwischt, wird der Mitarbeiter als faul und unzuverlässig abgestempelt. Einmal aggressiver Querulant, immer aggressiver Querulant.

In Betrieben, wo die Mitarbeiter in der Regel ohnehin nur Teilaspekte voneinander wahrnehmen können, bestimmen oftmals stereotype Voreinstellungen die Wahrnehmungen ganzer Gruppen untereinander. So ist bekannt, daß:

– höhere Führungskräfte die mögliche Arbeitsleistung von Arbeitern höher einschätzen als untere Führungskräfte
– Mitarbeiter ihr mögliches Arbeitspensum niedriger einschätzen als ihre Vorgesetzte

– Führungskräfte ihr Weiterkommen im Betrieb auf persönliche Leistung zurückführen, während der einfache Arbeiter
  eher ,,Glück'' und ,,gute Beziehungen'' dahinter vermutet

Projektion

Um das Selbstbild zu wahren, werden oft verdrängte Wünsche
und Bedürfnisse sowie eigene Unzulänglichkeiten nach außen
verlagert und auf Mitmenschen projiziert. Je starrer das Selbstbild und das Wertesystem, desto häufiger finden solche Projektionen statt. Hat der sich für unfehlbar haltende Werksmeister ein bestimmtes Werkzeug verlegt, so braucht er nicht lange,
um in einem unliebsamen Mitarbeiter den ,,Schuldigen'' zu finden. Auf ähnliche Weise werden auch oft verdrängte eigene Aggressionen jemand anderem unterstellt.

Abb. 7

Selbsterfüllende Prophezeiung

Eigene Vorurteile und das sich daraus ergebende Verhalten lösen beim Gegenüber oftmals gerade jene Verhaltensweisen aus, die man von ihm ,,erwartet". Hält man eine Person für faul, traut man ihr wenig zu, so wird man ihr Aufgaben zuweisen, in denen sie sich nicht bewähren kann. Die Person ist demotiviert und erweckt dann tatsächlich den Eindruck von Faulheit.

Wenn man von der gegnerischen Konfliktpartei eine Kampf-Strategie erwartet, so kann es der Fall sein, daß man durch eigene kompetitive Maßnahmen (Zurückhaltung von Information, Behinderung und so weiter) diese überhaupt erst mißtrauisch macht und zu einem Kampfverhalten provoziert. Wie wir gesehen haben, tritt der Teufelskreis der selbsterfüllenden Prophezeiung besonders bei eskalierten Konflikten in Erscheinung.

Belastende Situationen führen zu Wahrnehmungseinschränkungen

In belastenden Situationen führt der wachsende innere Druck dazu, daß die Denkfähigkeit und die Wahrnehmung eingeschränkt werden. Dies kann mehrere Folgen haben:

- Mit steigender Belastung besteht die Tendenz, die Ursachen einseitig entweder bei sich selbst oder in der Umwelt zu suchen.
- Es werden naheliegende Lösungsmöglichkeiten nicht mehr gesehen.
- Ist man Beteiligter eines Gruppenkonflikts, so ist man geneigt, sich die Wahrnehmungsmuster der Gruppe zu eigen zu machen.

Das Spiegelbild-Phänomen

In Konfliktsituationen neigen Personen dazu, dieselben Handlungen unterschiedlich zu bewerten, je nachdem ob es die eigenen oder die der gegnerischen Konfliktpartei sind. Gelingt der anderen Partei ein geschickter Schachzug, so ist dies ,,gemein",

40

gelingt er einem selbst, so ist man „clever". Je mehr man der Gegenpartei böse Absichten unterstellt, desto mehr fühlt man sich selbst „rein" und „erhaben". Die eigenen Absichten werden dann als berechtigt angesehen, dieselben Absichten des Gegners als hinterlistig und verdammungswürdig.

Konfliktverhalten und Konfliktstile

Verschiedene Personen haben aufgrund ihres jeweiligen Temperaments, ihrer Persönlichkeitsstruktur und ihrer Vorerfahrung mit Konfliktsituationen unterschiedliche Einstellungen zum Konflikt. Diese Einstellungen bestimmen ihren Konfliktstil, das heißt die Art und Weise, wie sie mit Konflikten umgehen. Der eine neigt mehr dazu, sich aus Konfliktsituationen zurückzuziehen, sie zu verdrängen oder vorzeitig nachzugeben. Ein anderer glaubt, nur mit einer „Dampfwalzen"-Technik Erfolg zu haben und jeden Konflikt für sich entscheiden zu müssen. Der Konfliktstil wiederum wirkt sich auf die weitere Konfliktentwicklung (Eskalation oder Deeskalation) aus. Wir unterscheiden fünf grundlegende Konfliktstile:

1. Durchsetzung (kompetitive Strategie)

2. Kompromiß

3. Rückzug/Vermeidung

4. Nachgeben

5. Problemorientierte (kooperative) Strategie

Jeder dieser Konfliktstile läßt sich nach den Aspekten „Orientierung an eigenen Interessen" und „Orientierung an den Interessen des anderen" folgendermaßen einordnen:

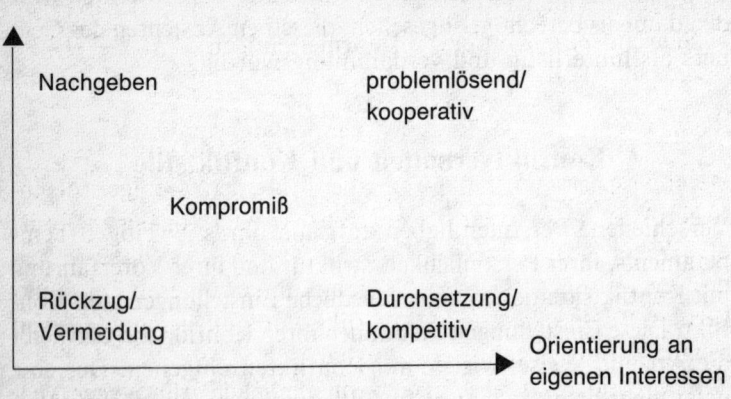

Orientierung an
Interessen des
anderen

Nachgeben · problemlösend/
kooperativ

Kompromiß

Rückzug/ · Durchsetzung/
Vermeidung · kompetitiv

Orientierung an
eigenen Interessen

(nach: *Berkel* 1990)

1. Durchsetzung (kompetitiv)

Die so verfahrende Konfliktpartei ist bestrebt, ihre Vorstellungen auch auf Kosten der Gegenpartei durchzusetzen. Für sie kommen nur Sieg oder Niederlage in Frage. Nach Ursachen des Konflikts oder gar nach eigenen Konfliktanteilen wird nicht gefragt. Mittel zur Durchsetzung sind zum Beispiel:

– Überredung
– Druck
– Drohungen
– Anwendung von Sanktionen

2. Kompromiß

Wer den Kompromiß sucht, ist bereit, der anderen Partei ein Stück weit entgegenzukommen. Aber auch hier werden nicht unbedingt die Ursachen des Konflikts aufgedeckt, sondern durch die Kompromißbereitschaft lediglich entschärft. Mittel, um einen Kompromiß herbeizuführen, sind:

- Sachliche Argumentation
- Keine Vorverurteilung
- Angebote machen
- Sich auf eine Kompromiß-Formel einigen

3. Rückzug/Vermeidung

Der möglicherweise einfachste, aber nichtsdestoweniger folgenreiche Weg besteht darin, den Konflikt zu verdrängen. Es ist die ,,Vogel-Strauß-Politik". Dadurch wird der Konflikt aber keineswegs gelöst, sondern lediglich auf einen späteren Zeitpunkt vertagt. Dann aber ist der Konflikt womöglich schon so weit eskaliert, daß er kaum noch lösbar ist.

Etwas anderes ist es jedoch, wenn man nach gründlicher Analyse zu dem Ergebnis kommt, daß man sich am besten von dem Konflikt zurückzieht. Beispielsweise wenn die Gegenseite eine reine Durchsetzungs-Strategie verfolgt und es die Sache nicht wert ist, daß man weitere Energien in sie investiert.

4. Nachgeben

Ein Stück weit nachgeben ist wohl Voraussetzung für jede vernünftige Konfliktlösung. Wer jedoch zu früh nachgibt, hat schon verloren; er vertritt die eigenen Interessen zuwenig und überläßt das Verhandlungsfeld der Gegenpartei. Andererseits kann es die Situation, zum Beispiel bei unabänderlichen Sachzwängen, unumgänglich machen, in einem Konflikt nachzugeben.

5. Problemlösung (kooperativ)

Der problemlösende Stil ist der erfolgversprechendste. Diese Art der Konfliktlösung ist das Ergebnis einer möglicherweise langwierigen Ergründung des Problems. Es wird versucht, den Konflikt als Problem, das beide Seiten betrifft, zu begreifen und nicht die Konfliktursache nur bei einer Seite zu sehen.

Obwohl diese Konfliktstile individuell relativ überdauernde Verhaltenstendenzen darstellen, können sie sich zum Teil überlappen. Es ist auch möglich, daß ein und dieselbe Person in unterschiedlichen Situationen unterschiedliche Konfliktstile zeigt.

Ist zum Beispiel der Konfliktgegner zu mächtig und droht mit schwerwiegenden Konsequenzen, wird man vielleicht zum Nachgeben oder zur Kompromißbereitschaft tendieren, selbst wenn man sonst zur Durchsetzung neigt. Auf einer höheren Eskalationsstufe allerdings neigen selbst sonst kompromißbereite Konfliktgegner zur Durchsetzungstaktik, auch wenn dabei eigene Verluste in Kauf genommen werden müssen. Am ehesten zeigt man sich wohl dann zu einer problemorientierten Konfliktlösung bereit, wenn einem die weitere Kooperation mit dem Konfliktpartner wichtig ist.

Je mehr eigene und fremde Interessen in einer Konfliktlösung „unter einen Hut" gebracht werden können, desto erfolgreicher ist sie.

Übung: Mein Konfliktprofil

Der folgende Test kann Ihnen helfen, Ihr Konfliktprofil und damit Ihre herausragenden Konfliktstile besser zu erkennen. Bitte antworten Sie spontan, ohne lange zu überlegen.

	eher ja	eher nein	Fragen-Typ
1. Es macht mir Spaß, meinem Ärger Luft zu machen.	☐	☐	A
2. Man muß viel über einen Menschen wissen, bevor man ihn beurteilen kann.	☐	☐	D
3. Gefühle zu äußern bringt einen nur in Schwierigkeiten.	☐	☐	B
4. Ich kann auch in harten Verhandlungssituationen Zugeständnisse machen.	☐	☐	C
5. Ich kann auch meinem Gegner eine gewisse Wut zugestehen.	☐	☐	D
6. Wer immer nur seinen eigenen Kopf durchsetzen will, ist weniger erfolgreich.	☐	☐	C
7. Ich habe oft Angst vor Auseinandersetzungen.	☐	☐	B
8. Wenn mich jemand verletzt hat, ziehe ich mich von der betreffenden Person für längere Zeit zurück.	☐	☐	B
9. „Der Spatz in der Hand ist besser als die Taube auf dem Dach."	☐	☐	C
10. Ich bin davon überzeugt, daß Konflikte auch ihre positiven Seiten haben.	☐	☐	D

Übung: Mein Konfliktprofil (Fortsetzung)

	eher ja	eher nein	Fragen-Typ
11. In Auseinandersetzungen bin ich meist der Unterlegene.	☐	☐	B
12. Die meisten Menschen sind nur durch eine „starke Hand" zu führen, sonst entsteht Disziplinlosigkeit.	☐	☐	A
13. Auseinandersetzungen, bei denen es auch persönlich wird, stimmen mich nachdenklich.	☐	☐	C
14. Seinem Ärger Luft zu machen ist wie ein reinigendes Gewitter.	☐	☐	D
15. Ich würde nur „hartgesottene Burschen" zu einer Verhandlung schicken, keinen, der Zugeständnisse machen könnte.	☐	☐	A
16. Ich bin mehr an Sachergebnissen als an Gefühlen interessiert.	☐	☐	A
17. Wenn mich ein Freund geärgert hat, sage ich ihm das.	☐	☐	D
18. Wenn es der Sache nützt, gebe ich auch in Gefühlsdingen nach.	☐	☐	C
19. Auseinandersetzungen mit Vorgesetzten gehe ich lieber aus dem Weg.	☐	☐	B
20. Der Satz „Der Stärkere gewinnt im Leben" trifft größtenteils zu.	☐	☐	A

Und so werten Sie den Test aus:

1. Addieren Sie bitte nur die Ja-Antworten der jeweiligen Fragentypen (A, B, C, D) und tragen Sie diese in die Tabelle ein. Gehen Sie am besten so vor, daß Sie zuerst alle Ja-Antworten von A, dann von B, C, D addieren.
2. Multiplizieren Sie die Anzahl Ihrer jeweiligen Ja-Antworten mit 20. Dadurch erhalten Sie die jeweilige Prozentzahl.
3. Um Ihr Konfliktprofil nun sichtbar zu machen, tragen Sie Ihre jeweiligen Prozentwerte an der Prozent-Leiste ein und machen Sie jeweils eine senkrechte Linie bis zur nächsten waagrechten Linie. (Sie können die Balken auch ausschraffieren!)

Konfliktstil	Ja-Antw.	x 20	Ihr Konfliktprofil 10 20 30 40 50 60 70 80 90 100 %
Durchsetzung	A		
Rückzug/Nachgeben	B		
Kompromiß	C		
Problemorientiert	D		

Zwischenmenschliche Konflikte können auch als Kampf, Spiel oder Debatte ausgetragen werden.

Wobei es sich bei Kampf und Spiel um Strategien der Durchsetzung (kompetitiv), bei der Debatte dagegen um eine problemorientierte und kompromißbereite (kooperative) Strategie handelt.

Kampf-Strategie

Der Gegner soll persönlich getroffen, unter Umständen sogar vernichtet werden. Dazu ist jedes Mittel recht: Persönliche Herabsetzung, Einschüchterung, Drohungen, schließlich auch Zwangsmaßnahmen und Gewalt.

Die Kampf-Strategie tritt meist dann in Erscheinung, wenn die Ursache des Konflikts allein beim Kontrahenten gesehen wird.

Spiel-Strategie

Wer diese Strategie wählt, will vor allem gewinnen. Im Unterschied zum Kampf soll der Gegner aber nicht vernichtet, sondern lediglich besiegt werden. Mittel zur Erreichung dieses Ziels sind: Zurückhaltung von Informationen, Einschüchterungen, ironische Anspielungen. Der Gegner soll ,,aufs Glatteis geführt'', womöglich ,,über den Tisch gezogen'' werden.

Debatten-Strategie

Hier soll der Gegner weder beschädigt noch besiegt, sondern überzeugt werden. Es ist klar, daß die Debatten-Strategie meist dann angewandt wird, wenn einem die Kooperation mit dem Kontrahenten weiterhin wichtig ist. Mittel dieser Strategie sind: überzeugen, informieren, Konsequenzen auf der Sachebene aufzeigen und so weiter.

Nicht selten werden diese Strategien während derselben Konfliktaustragung gewechselt. Vor allem dann, wenn eine Seite erkennt, daß sie mit der bisherigen Strategie nicht zum Erfolg kommt. Ein Beispiel kann dies verdeutlichen:

Ein Schweißer in einem kleineren Betrieb begründet, weshalb er bestimmte Schweißarbeiten nicht mehr ohne Schutzkleidung ausführen will. (Debatten-Stil: Gesprächspartner soll überzeugt werden.)

Der Vorgesetzte kennt die Bestimmungen. Es handelt sich aber um Terminarbeiten, die drängen. Die Schutzkleidung befindet sich derzeit beim Hersteller zum Ausbessern.

Der Vorgesetzte: ,,Also, Herr Stab, jetzt übertreiben Sie mal nicht. Sie als erfahrene Fachkraft machen das doch mit links.'' (Spiel-Strategie: Der andere soll ,,über den Tisch gezogen'' werden.)

Der Mitarbeiter lehnt kategorisch ab.

Der Vorgesetzte: ,,Jetzt hören Sie mir mal zu. Entweder Sie gehen jetzt sofort an Ihre Arbeit, oder ich sorge dafür, daß sie entlassen werden.'' (Kampf-Strategie: Du oder ich.)

Wenn man diese Strategien in Streitgesprächen unter Politikern oder in Rollenspielen bei Seminaren beobachtet, so kann man folgendes immer wieder feststellen:

– Der Debatten-Stil ist meist der erfolgreichste.
– Der Kampf-Stil ist der am wenigsten erfolgreiche.
– Die Gegenseite paßt sich meist der eingeführten Strategie an.
– Strategie-Wechsel sind meist deutlich markiert. So führen beispielsweise Unsachlichkeit und persönliche Angriffe, aber auch Ironisierung sehr schnell zu einem Kampf-Stil.

Test

1. Zwei Mitarbeiter streiten sich über das Rauchen im Büro. Der eine führt gesundheitliche Gründe an, weshalb er dagegen ist. Der andere fühlt sich in seiner Freiheit eingeschränkt. Welche Konfliktebene dominiert in diesem Streit?
   a) Sachebene
   b) Beziehungsebene
   c) beides

2. In der Chefetage herrscht helle Aufregung. Kurz vor Abschluß einer neuen Produktentwicklung ist ein ausländischer Anbieter mit einem ähnlichen Produkt bereits auf dem Markt erschienen. In einer Krisensitzung geraten Vertreter der Produktions- und Marketing-Abteilung miteinander in Streit über die geeignete Antwort-Strategie. Um welche Konfliktart handelt es sich?
   a) Beziehungskonflikt
   b) Verteilungskonflikt
   c) Zielkonflikt
   d) Beurteilungs-/Wahrnehmungskonflikt
   e) Rollenkonflikt

3. Der Vorstand eines Unternehmens plant den Einsatz von Industrie-Robotern, die Belegschaft ist dagegen. Um welche Konfliktart handelt es sich?
   a) Beziehungskonflikt
   b) Verteilungskonflikt
   c) Zielkonflikt
   d) Beurteilungs-/Wahrnehmungskonflikt
   e) Rollenkonflikt

4. Ein Betriebs-Informatiker wird von einem Projekt abgezogen und damit beauftragt, andere Abteilungen mit einer neuen Software vertraut zu machen. Er ist der Meinung, daß man für diese Arbeit auch weniger qualifizierte EDV-Kräfte abstellen könne. Um welche Konfliktart handelt es sich?
   a) Beziehungskonflikt
   b) Verteilungskonflikt
   c) Zielkonflikt
   d) Beurteilungs-/Wahrnehmungskonflikt
   e) Rollenkonflikt

5. Angenommen, eine Person erweist sich überlegenen Gegnern gegenüber regelmäßig als unterwürfig und nachgiebig. Wie würde wohl ihr Konfliktstil in Situationen aussehen, in der sie selbst der Überlegene ist?
   a) problemorientiert
   b) kompromißbereit
   c) kompetitiv (Durchsetzung)
   d) nachgiebig, konfliktvermeidend

Checkliste:

Von einem Konflikt spricht man bei gegensätzlichen beziehungsweise konkurrierenden Zielen, Beurteilungen, Wahrnehmungen und Handlungstendenzen.

Für das Konflikterleben sind von Bedeutung: das Ausmaß an

- gegenseitiger Abhängigkeit
- subjektiver Betroffenheit
- vorhandenen Lösungsmöglichkeiten

Konflikte lassen sich klassifizieren in:

- Zielkonflikte
- Beurteilungs-/Wahrnehmungskonflikte
- Rollenkonflikte
- Verteilungskonflikte
- Beziehungskonflikte

Konflikte haben ihren Ursprung in der Sach- oder in der Beziehungsebene, und sie haben die Tendenz, beide Ebenen miteinander zu vermischen.

Unbearbeitete Konflikte haben die Tendenz zu eskalieren. Der individuelle Konfliktstil beeinflußt das weitere Konfliktgeschehen. Kampf- und Spiel-Strategie führen meist zu einer Konfliktverschärfung. Der Debatten-Stil führt dagegen meist zu einer beiderseits verträglichen Konfliktlösung.

II. Konflikte – tiefenpsychologisch betrachtet

Man kann dem Anspruch seiner Führungsposition nur dadurch genügen, daß man Dinge tut, die den Gruppenmitgliedern das Gefühl geben, ihre Hoffnungen auf Bedürfnisbefriedigung werden erfüllt.

Thomas Gordon, ,,Manager-Konferenz''

Worum es in diesem Kapitel geht

Nachdem wir uns im ersten Kapitel die Grundlagen des allgemeinen Konfliktgeschehens erarbeitet haben, wollen wir uns im folgenden mit dem (tiefen-)psychologischen und physiologischen Aspekten von Konflikten beschäftigen. Die Grundthesen dieses Kapitels lauten:

– Die tieferen psychologischen Ursachen von Konflikten liegen in einer Verletzung des Selbstwertgefühls.

– Die Verletzung des Selbstwertgefühls führt zum typischen Konfliktstreß und beeinflußt die Kommunikation.

– Das Selbstbild und das Bild vom anderen beeinflussen unser Verhalten.

– Der Bedürfnisaustausch in der Gruppe ist Voraussetzung für eine Konfliktvermeidung.

– Durch ,,psychologische Spiele'' wird versucht, auf einer versteckten Ebene Konflikte auszutragen und Bedürfnisdefizite auszugleichen.

Wir werden hierzu einige nützliche Theorie-Modelle (Bedürfnis-Modell nach Maslow, Transaktionsanalyse, Kommunikations-Modelle nach Watzlawick und Schulz v. Thun) kennenlernen, die uns helfen, psychologische und kommunikative Vorgänge besser zu verstehen.

Selbstwertgefühl und menschliche Bedürfnisse

Konflikte entstehen, wenn Bedürfnisse vereitelt oder übergangen werden. Wie wir gesehen haben, kommen innere Konflikte dadurch zustande, daß man bei sich selbst oder anderen etwas wahrnimmt, was einem nicht ins ,,Konzept'' beziehungsweise ins Selbstbild paßt. Das kann der Arbeitskollege sein, der ständig raucht oder zu laut spricht, oder die Entscheidung der Geschäftsleitung, daß ab sofort die Kaffeepausen abgeschafft werden. Es können aber auch eigene Gedanken, Handlungsimpulse, Verhaltensweisen oder äußere Erscheinungsmerkmale sein, die einem manchmal fremd, ja peinlich erscheinen mögen. Dadurch wird das innere Harmonie-Bedürfnis gestört, es entstehen gedankliche (kognitive) Dissonanzen, je nach dem Ausmaß der Störung. Tatsächlich bleiben viele dieser inneren Disharmonien, mit denen wir ja ständig zu tun haben, ohne weitere Folgen, solange sie nicht den Kern der Person, daß heißt ihr Selbstwertgefühl (SWG) beeinträchtigen. Ist das der Fall, so ist man im wahrsten Sinne des Wortes betroffen.

Frau Berger (aus unserem ersten Fallbeispiel) ist betroffen, nicht in erster Linie deshalb, weil sie mit Herrn Lüdtke, ihrem neuen Kollegen, nicht so gut auskommt wie mit ihrer ehemaligen Arbeitskollegin, sondern weil sie in ihrem SWG verletzt ist. Sie fühlt sich übergangen und in ihrer Person abgewertet.

Um zu verstehen, weshalb sich Frau Berger betroffen fühlt, obwohl sie ja niemand vorsätzlich verletzt hat, müssen wir uns etwas eingehender mit der Struktur menschlicher Bedürfnisse auseinandersetzen.

Hierarchie der Bedürfnisse

Der Psychologe Abraham Maslow ist der Ansicht, daß menschliche Bedürfnisse hierarchisch organisiert sind. Er ist darüber hinaus der Meinung, daß es grundlegende und ,,höherwertige'' Bedürfnisse gibt.

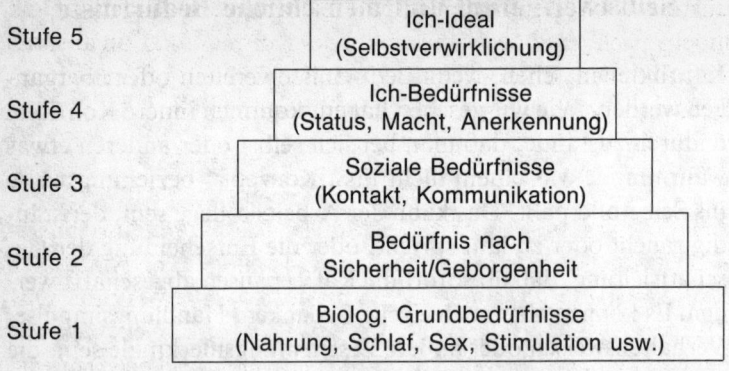

Stufe 5	Ich-Ideal (Selbstverwirklichung)
Stufe 4	Ich-Bedürfnisse (Status, Macht, Anerkennung)
Stufe 3	Soziale Bedürfnisse (Kontakt, Kommunikation)
Stufe 2	Bedürfnis nach Sicherheit/Geborgenheit
Stufe 1	Biolog. Grundbedürfnisse (Nahrung, Schlaf, Sex, Stimulation usw.)

Bedürfnis-Pyramide nach: *Maslow*

1. Stufe: Grundbedürfnisse

Auf dieser Stufe sind die physiologischen Grundbedürfnisse angesiedelt, etwa Hunger, Durst, Sexualität, Aggression (wovon im III. Kapitel noch ausführlich die Rede sein wird). Aber auch das Bedürnis nach Stoffwechsel, Temperaturausgleich, Schutz vor Hitze, Nässe, Lärm, Strahlung und sogar das Bedürnis nach Hautkontakt und Stimulation.

2. Stufe: Sicherheit und Geborgenheit

Maslow denkt hier vor allem an das Bedürfnis nach Bezugspersonen, die Geborgenheit und Sicherheit im psychologischen Sinn garantieren. Aber auch an das Bedürfnis nach Identität, das heißt zu wissen, wer man ist. Auf ein Gefühl von Sicherheit zielt außerdem das Bestreben, sich materiell abzusichern.

3. Stufe: Sozialer Kontakt

Der Mensch ist ein soziales Wesen. Zu seinen Bedürfnissen gehört darum auch das nach zwischenmenschlichem Kontakt und nach Kommunikation. Sozialer Kontakt erfüllt einerseits das Bedürfnis nach Geborgenheit und Sicherheit. Darüber hinaus möchte sich jeder Mensch auch in der Kommunikation austauschen können. Er möchte seine Neugier und sein Informationsbedürfnis befriedigen und sich anderen mitteilen.

4. Stufe: Macht und Anerkennung

Jeder Mensch möchte über den bloßen Kontakt hinaus von seinen Mitmenschen geachtet und anerkannt werden. Auf dieser Stufe ist sozusagen auch das Selbstwertgefühl zu Hause. Das SWG ist insbesondere von der Wertschätzung der anderen abhängig. Fehlt sie, so ist auch das SWG unterentwickelt. Dementsprechend hat ein Zuwachs an Macht in der Regel einen Zuwachs an Anerkennung – und somit an SWG – zur Folge. Mit anderen Worten: Macht, Anerkennung und SWG bedingen einander.

5. Ich-Ideal/Selbstverwirklichung

Ist die relative Befriedigung der ,,unteren'' Bedürfnisse für das psychische und soziale Funktionieren einer Person von Bedeutung, so finden wir auf dieser Stufe das vor, was manche auch als ,,Luxus''-Bedürfnisse bezeichnen: Man möchte tun, was einem Freude bereitet und was der eigenen Persönlichkeitsentfaltung dient, etwa ein Buch lesen, sich einer Theatergruppe anschließen oder interessante Reisen unternehmen.

An dieser Stelle ein kleiner Test: Stellen Sie sich vor, Sie warten auf den vereinbarten Anruf Ihrer neuen Freundin beziehungsweise Ihres neuen Freundes. Sie warten und warten – vergeblich: kein Anruf. Sie versuchen zurückzurufen: niemand zu Hause. Am nächsten Tag erzählt Ihnen ein Arbeitskollege, er habe Ihre Freundin beziehungsweise Ihren Freund in Begleitung in einem Café gesehen.

Frage: Auf welcher der fünf Bedürfnisebenen fühlen Sie sich am meisten frustriert? Ohne Zweifel auf Stufe 4; Sie fühlen sich vor allem in Ihrem SWG verletzt.

Die ,,höheren'' Bedürfnisse melden sich nach Maslow erst dann, wenn die ,,niedrigeren'' schon weitgehend befriedigt sind. Maslow spricht hierbei vom Prinzip der relativen Vorrangigkeit von Bedürfnissen. So ist zum Beispiel ein Mensch, der hungert, an Sicherheit und Geborgenheit vorläufig nicht interessiert. Und jemand, dem es an Sicherheit und Geborgenheit mangelt, wird soziale Kontakte eher vermeiden. Verfügt jemand über wenig soziale Kontakte, wird er schwerlich soziale Anerkennung bekommen. Und einem Menschen, der wenig soziale Anerkennung bekommt, wird es wiederum schwerfallen, sein Ich-Ideal zu verwirklichen.

Eine weitere These von Maslow besagt, daß auf der Stufe 4, also auf der Ebene der sozialen Anerkennung und des SWG, alle anderen unbefriedigten Bedürfnisse kompensiert werden. Mangele es jemandem an Geborgenheit und sozialen Kontakten, so versuche er, durch Angeberei und Status-Sucht (Stufe 4) seine Defizite auszugleichen. Es ist klar, daß dies nur der Fall sein kann, wenn die ,,unteren'' Bedürfnisse nicht gänzlich unbefriedigt, sondern nur teilbefriedigt sind. Sonst würde diese These ja im Widerspruch zum Gesetz der Vorrangigkeit stehen. Wenn zum Beispiel jemand überhaupt keine sozialen Kontakte hat, kann er auch nicht auf Stufe 4 kompensieren. Er tut dies vielmehr dann, wenn die wenigen Kontakte, die er hat, darüber hinaus noch unbefriedigend sind.

Man könnte zu Maslow kritisch anmerken, daß ebensogut ein Mangel an Anerkennung (Stufe 4) auf beliebiger anderer Stufe kompensiert werden kann. Daß sich dieser Mangel beispielsweise in einer gesteigerten Sucht nach Eßbarem oder Sex (Stufe 1) und sogar in einem überhöhten Ich-Ideal (Stufe 5) manifestieren kann. Hierfür ließen sich auch viele Beispiele anführen, denn was tun Menschen nicht alles, um auf dieser Stufe zum Erfolg zu kommen. Da werden teure Autos und Eigenheime ,,am Munde abgespart'', das heißt, es werden Einbußen sogar auf Stufe 1 in Kauf genommen. Oder man läßt soziale Kontakte, die wenig Prestige verheißen, verkümmern.

Halten wir also fest: Grundsätzlich kann jeder Mangel auf

jeder Stufe kompensiert werden. Jedoch stellt Stufe 4 sozusagen den neuralgischen Punkt einer jeden Person dar, da sich hier das SWG befindet. Innere und äußere Konflikte treten in eine neue Phase oder drohen zu eskalieren, wenn eine Beeinträchtigung auf dieser Stufe wahrgenommen wird.

Wie wir gesehen haben, versuchte Frau Berger – unbewußt –, ihr angegriffenes Selbstwertgefühl auf der materiellen Ebene (Gehaltsforderung) auszugleichen. War dadurch aber der Konflikt für sie gelöst? Wurde so ihr SWG wiederhergestellt und sie von ihrer Betroffenheit, das heißt von ihrer inneren Anspannung, befreit? Keineswegs! Denn Frau Berger befand sich nach wie vor in einem negativen psycho-physiologischen Regelkreis. Dieser wurde dadurch aufrechterhalten, daß sie die eigentlichen Konfliktursachen verdrängte, ihr angegriffenes SWG zu kompensieren versuchte und die Flucht in die körperliche Symptombildung (Krankheit, gesteigerte Aggressivität) antrat.

Konfliktstreß: Der psycho-physiologische Teufelskreis

Womit wir uns in unserem Kulturkreis immer schon etwas schwertaten, ist die Tatsache, daß Körper, Geist und Seele eine untrennbare Einheit darstellen. Seelische Konflikte führen daher auch immer zu körperlichen und physiologischen Reaktionen, die ihrerseits wiederum das seelische Gleichgewicht beeinflussen.

Nach dem Neurophysiologen Paul MacLean lassen sich beim menschlichen Gehirn deutlich drei Bereiche unterscheiden:

1. Stammhirn (Reptilisches Hirn)
2. Mittelhirn (Säugetier-Hirn, auch limbisches System genannt)
3. Großhirn (Denkhirn)

Diese drei Strukturen repräsentieren auch unterschiedliche stammesgeschichtliche Entwicklungsstadien. Das Großhirn (Denkhirn), in dem bewußte Denk- und Bewertungsprozesse stattfinden, ist der Teil, der sich in der Evolution erst sehr spät entwickelt hat. Stammhirn (Reptilisches Hirn) und Mittelhirn (Säugetier-Hirn) sind dagegen sehr „alte" Strukturen. Wobei wir das Reptilische Hirn in seiner Form und Funktion mehr oder weniger unverändert von unseren reptilischen Vorfahren übernommen haben. Darin sind Instinkt- und Antriebsmechanismen lokalisiert, die nach dem Lust-Unlust-Prinzip funktionieren. Auf der nächsthöheren Ebene des Säugetier-Hirns werden diese Antriebe zu differenzierten Gefühlen ausgeformt.

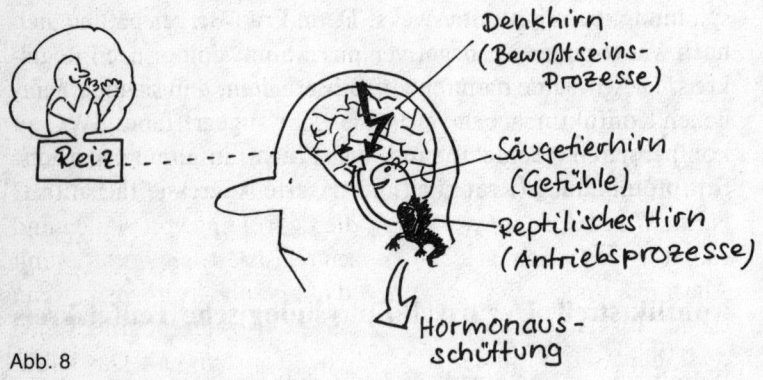

Abb. 8

MacLean hat auch darauf hingewiesen, daß die nervlichen Verbindungen zwischen Reptilischem Hirn und Säugetier-Hirn sehr mächtig, die zum Großhirn (Denkhirn) hingegen eher spärlich sind. Er gebraucht daher das Bild vom Reiter (Großhirn), der ohne Zügel auf einem Pferd (Reptil-/Säugetier-Hirn) sitzt. Das bedeutet, das wir unseren Gefühlen relativ machtlos ausgeliefert sind. Wir werden aber noch sehen, daß es trotzdem Möglichkeiten gibt, das Pferd einigermaßen im Zaum zu halten.

Zurück zum Thema: Die Funktion des Reptilischen Hirns besteht also darin, auf äußere Reize mit Lust- oder Unlustgefühlen zu reagieren. Das äußert sich im Verhalten als Hinwendung oder Abwendung. Dieser Vorgang ist von physiologischen Prozessen begleitet. Genauer gesagt handelt sich dabei um Hormonausschüttungen. Nehmen wir einen angenehmen Reiz wahr, so

58

schüttet das ,,Reptil'' ,,Freudehormone'', sogenannte Endorphine (das Wort setzt sich zusammen aus endo: von innen kommend, und morphein: Droge, Rauschmittel) aus. Es handelt sich also um Drogen, die der Körper selbst herstellt. Fürchten wir uns vor etwas, sind wir ägerlich oder fühlen wir uns bedroht, so bewirkt das ,,Reptil'' eine Ausschüttung von Streßhormonen (Adrenalin, Noradrenalin), die den Körper entweder auf Kampf oder Flucht vorbereiten. Der Organismus wird sozusagen in höchste Alarmbereitschaft versetzt. Damit verbunden ist aber gleichzeitig eine Einschränkung der Großhirn-Funktionen, also der Denk- und Bewertungsprozesse. Denn in einer Bedrohungssituation muß der Organismus schnell reagieren. Ein langwieriges Abwägen und Überlegen hätte unter Umständen katastrophale Folgen.

Was hat das ,,Reptil'' nun mit unseren vorausgegangenen Ausführungen über Bedürfnisse und das Selbstwertgefühl zu tun? Nun, überall dort, wo das Reptil die Bedrohung von vitalen und subjektiv bedeutsamen Bedürfnissen registriert, antwortet es mit Alarmreaktionen. Und es reagiert dann besonders intensiv, wenn es sich um Angriffe auf das SWG − also den neuralgischen ,,wunden'' Punkt in der Persönlichkeit − handelt. Das kann, wie in unserem Beispiel, ein nicht erfolgter Anruf sein. Wenn nun dadurch aber die Bewußtseinsprozesse eingeschränkt werden, das heißt, eine realitätsgerechte Situationsbewertung erschwert wird, was sind dann die Folgen für das weitere Verhalten?

Kampf- und Fluchthormone werden gleichzeitig ausgeschüttet, das heißt, der Organismus ist sowohl auf das eine wie auf das andere Verhalten vorprogrammiert. Tatsächlich unterscheiden sich Menschen darin, ob sie in einer Konfliktsituation, welche mit SWG-Betroffenheit verbunden ist, eher mit Angriffs- oder mit Flucht- und Verdrängungsmanövern reagieren. Wie sich eine Person dann ,,entscheidet'', hängt mit der in ihrem Denkhirn gespeicherten Lernerfahrung zusammen. Dies gilt übrigens nicht nur für den Menschen, sondern auch für höhere Säugetiere, die durch ihr Großhirn in der Lage sind, Erfahrungen zu speichern.

So hat man zum Beispiel bei Menschenaffen festgestellt, daß sie, je nach Lernerfahrung und sozialem Rang, in Streßsituationen ganz unterschiedlich reagieren: Ranghohe Tiere antworten meist mit Aggressionen, rangniedere mit Flucht- und Vermeidungsverhalten.

Beim Menschen sind es vor allem die Inhalte seiner verdichteten Lernerfahrung, die bei der Ausgestaltung der Reaktionsformen eine Rolle spielen. Je nach Situation und Persönlichkeitsstruktur (auch der Lerngeschichte) können diese Inhalte mehr angriffsbetonter (,,Das laß' ich mir auf keinen Fall bieten!'') oder zurückweichender, nicht selten auch depressiver Art sein. (,,Ich bin halt immer der Depp. Mit mir kann man's ja machen.'')

Mit anderen Worten: Auf einen ähnlichen physiologischen Zustand reagieren Personen sehr unterschiedlich aufgrund ihrer Vorerfahrung. Der eine trägt den Konflikt nach außen und riskiert möglicherweise negative Reaktionen aus seiner Umwelt. Der andere ,,frißt'' ihn in sich ,,hinein'' und riskiert dadurch ein Magengeschwür. Die depressive Reaktionsweise beziehungsweise die Fluchtreaktion − zu ihr neigen mehr Frauen als Männer, da sie gelernt haben, in Konfliktsituationen eher nachzugeben − ist aber doppelt fatal. Sie bewirkt einen negativen inneren Regelkreis.

Es werden dann nämlich immer weniger ,,Freudehormone'', die unter anderem auch das Immunsystem stärken, ausgeschüttet, dafür um so mehr Streßhormone, die das Immunsystem schwächen. In diesem psycho-physiologischen Zustand wird das SWG weiterhin beeinträchtigt. Die Beeinträchtigung des SWG ist aber für das ,,Reptil'' wiederum ein Signal, mit der Ausschüttung von Streßhormonen fortzufahren. Dies hat zur Folge, daß die Denkfunktionen noch mehr beeinträchtigt werden. Es werden zunehmend mehr negative Gedanken produziert, während Alternativen überhaupt nicht mehr ins Bewußtsein vordringen können. Das bedeutet auch, daß relativ neutrale Reize, denen man vorher kaum Beachtung geschenkt hätte (Chef räuspert sich, Kollege schneuzt sich die Nase), bedrohlichen Charakter bekommen und das „Reptil" zu weiteren Hormonausschüttungen veranlassen. Da jeder Mensch jedoch das Bedürfnis hat, seine Gefühle irgendwelchen Ursachen zuzuschreiben, besteht dann die Neigung zur „Schwarzweiß-Malerei". Das bedeutet vielfach, daß die Komplexität der Ursachenverkettung nicht mehr realisiert werden kann. Es findet eine einseitige Schuldzuweisung statt. Entweder indem man sich als Versager betrachtet oder indem man im anderen den „Sündenbock" sucht. Der Teufelskreis von Angst, destruktiven Gedanken und streßbedingten körperlichen Reaktionsbildungen ist dann perfekt geschlossen. Was kann man dagegen tun?

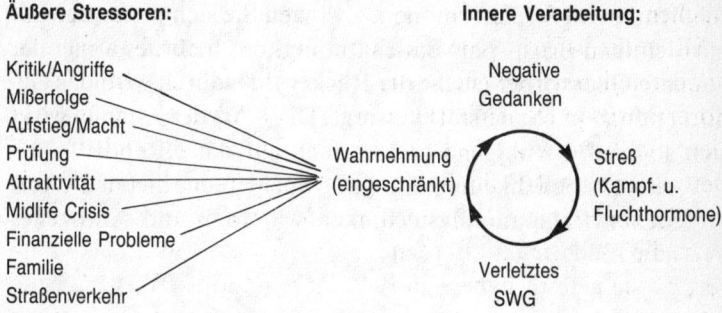

Äußere Stressoren:

Kritik/Angriffe
Mißerfolge
Aufstieg/Macht
Prüfung
Attraktivität
Midlife Crisis
Finanzielle Probleme
Familie
Straßenverkehr

Wahrnehmung
(eingeschränkt)

Innere Verarbeitung:

Negative
Gedanken

Streß
(Kampf- u.
Fluchthormone)

Verletztes
SWG

1. Erregung abbauen und unter Kontrolle bringen

Das vordringlichste Bedürfnis in Konflikt- und Streßsituationen besteht in einer Erregungsabfuhr.

Man kann Streßhormone dadurch abbauen, indem man sich körperlich betätigt, etwa durch Spazierengehen, Joggen, Schwimmen, oder indem man sich an Ersatzobjekten abreagiert (gegen einen Stuhl treten, Teller auf den Boden werfen).

Auch in den Wald gehen und einmal nach Kräften schreien ist eine Methode, die man nicht unterschätzen sollte. Jeder, der sich dazu überwinden konnte, wird bestätigen können, wie befreiend so etwas sein kann. Im übrigen sind es ja genau die Reaktionen, auf die wird in solchen Situationen biologisch „vorprogrammiert" sind. Haben Sie schon einmal einen wütenden und polternden Schimpansen oder Gorilla im Zoo beobachtet? Ist ihnen schon aufgefallen, daß Kinder, wenn sie frustriert oder verärgert sind, ganz ähnlich reagieren? Kinder und Tiere verhalten sich biologisch eben viel sinnvoller, als es die meisten von der Ratio gesteuerten Erwachsenen tun.

2. Entspannung

Wichtig ist vor allem richtiges Atmen: Menschen neigen in Streßsituationen zu einer oberflächlichen Brustatmung. Dadurch wird aber das Gehirn mit Sauerstoff unterversorgt. Die Folge davon ist eine Verstärkung der Panikreaktionen und vermehrte Ausschüttung von Streßhormonen. Zwingen Sie sich daher bewußt zur richtigen Brust- plus Bauchatmung, das heißt, es atmet der gesamte Oberkörper (sogar der Rücken)! Dadurch wird das Gehirn optimal mit Sauerstoff versorgt. Diese Art der Atmung wirkt sich sogleich beruhigend aus – auch auf das ,,Reptil''.

Weitere Möglichkeiten, Erregung abzubauen, bieten die verschiedenen Entspannungstechniken wie Joga und Autogenes Training.

3. Denkblockaden abbauen und Situation neu bewerten

Durch die genannten Maßnahmen ist es möglich, Denkblockaden – zumindest teilweise – wieder aufzuheben und zu einer neuen Situationsbewertung zu kommen. Die neue Situationsbewertung ist notwendig, um den inneren Teufelskreis von negativen Gedanken und den damit verbundenen Streßreaktionen des ,,Reptils'' weiter aufzulösen. Hierzu bieten sich wiederum verschiedene Methoden an:

Gedankenstop: Blenden Sie ärgerliche und belastende Gedanken bewußt für eine bestimmte Zeit aus.

Positiv denken: Produzieren Sie positive Gedanken. Sagen Sie sich: Es hätte ja alles noch schlimmer kommen können. Denken Sie an etwas, was Ihnen jetzt gerade Spaß machen würde.

Erinnern Sie sich auch einmal an frühere Erfolgserlebnisse. Versuchen sie diese wiederzubeleben, indem Sie sich alle Einzelheiten von damals, Gefühle, Gedanken, Verhaltensweisen, Personen, die Umgebung, ins Gedächtnis rufen.

Rückkopplung: Hilfreich kann es sein, in solchen Situationen starre Denk- und Verhaltensmuster, die ja den Teufelskreis aufrechterhalten, dadurch zu verändern, daß man das Gespräch mit vertrauten Personen sucht, sich also Rückkopplung verschafft. Dies hat den Effekt, daß man sich in einer aussichtslos geglaubten Situation sozusagen eine höhere Plattform verschafft, von der aus die eigene Lage wieder aussichtsreich wird.

Aber Vorsicht! Wird das Gespräch nur dazu genutzt, um einen Verbündeten zu bekommen, der die eigenen Sichtweisen (und damit auch die Wahrnehmungsverzerrungen) bestätigen soll, dann wird dadurch wieder ein weiterer Eskalationsmechanismus in Gang gesetzt. Dieser ,,Schuß`` geht meistens nach hinten los, das heißt, er führt in der Regel in einen noch verzweifelteren Zustand.

Suchen Sie auch aktiv nach Informationen über die Beweggründe der anderen Konfliktpartei, um Ihre momentane Sichtweise der Realität anzupassen.

4. Alternative Handlungsstrategien entwerfen

Der nächste Schritt besteht nun darin, alternative Strategien zu entwickeln, wie man das Problem lösen kann. Überlegen Sie, wie Sie den Konflikt am besten in den Griff bekommen können. Denken Sie auch daran, wie Sie ähnliche Konflikte in der Vergangenheit gemeistert haben. Gehen Sie auf den Konfliktpartner zu und bahnen Sie ein Gespräch an. Denken Sie daran, daß zu einem Konflikt immer zwei gehören, und daß jeder seinen Teil dazu beiträgt. Deshalb sollte auch hier der Grundsatz gelten: ,,audiatur et altera pars`` – auch die andere Seite muß gehört werden.

5. Stärken Sie Ihr SWG durch Zielerreichung

Die Körper-Geist-Seele-Einheit des Menschen hat den Effekt, daß sich das Befinden in der einen Sphäre auch auf die anderen überträgt. Fühlt man sich körperlich wohl, so wirkt sich das auf das seelische Wohlbefinden und das SWG aus – und natürlich umgekehrt.

Es ist eine wesentliche Erkenntnis der neueren Streßforschung (F. Vester), daß die mentale Einstellung zu sich selbst eine wichtige Voraussetzung für die innere Konflikt- und Streßverarbeitung darstellt.

Welche Möglichkeiten gibt es, zu einem positiveren Selbstbild zu kommen? Wie kann man sein SWG stärken? Viele glauben, ein kräftiges SWG sei einem in die Wiege gelegt oder nicht. Diese Sichtweise ist falsch. Das SWG läßt sich wie ein Muskel trainieren. Das Training besteht darin, daß man sich realistische mittel- und langfristige Ziele setzt. Es muß sich aber um Ziele handeln, die man sich selbst vornimmt, nicht um solche, die man von außen aufoktroyiert bekommt. Es ist nämlich eine weitere Erkenntnis der Streßforschung, daß die vielzitierte Fremdbestimmung des modernen Menschen und das Fehlen von individuellen Handlungs- und Gestaltungsspielräumen – also das Gefühl, keinen Einfluß auf die eigene Umwelt nehmen zu können – auf die Dauer krank machen. Der Mensch möchte sich als Organisator und Verursacher von Handlungsprozessen erleben und nicht als Rädchen in einem gigantischen Getriebe.

Überlegen Sie sich daher, was Sie schon lange einmal erreichen wollten. Vielleicht einen Sprach-, Computer- oder Tenniskurs besuchen. Vielleicht wollten Sie sich schon immer einmal mit einer bestimmten Kunstrichtung oder mit Philosophie beschäftigen. Übrigens ist auch soziales Engagement eine hervorragende Möglichkeit, um anderen Menschen und dem eigenen SWG etwas Gutes zu tun. Ganz gleich, worin Ihre Interessen bestehen, jeder noch so kleine Erfolg, den Sie bei der Erreichung Ihrer selbstgesetzten Ziele verbuchen können, stärkt Ihr SWG und macht Sie in körperlicher und seelischer Hinsicht widerstandsfähiger gegen Konflikte und Streß.

Konflikt und Kommunikation

Im folgenden geht es darum, wie sich innere und zwischenmenschliche Konflikte auf die Kommunikation auswirken. Hierzu wollen wir uns zunächst etwas eingehender mit dem Modell der Transaktionsanalyse befassen.

Transaktionsanalyse

Haben Sie sich die Scherzfrage ,,Wo war ich denn, als ich mich am meisten gebraucht habe?'' schon einmal ernsthaft gestellt? Die Transaktionsanalyse kann Ihnen eine einfache Antwort darauf geben: Sie waren in Ihrem angepaßten Kind-Ich gefangen. Und Ihr Erwachsenen-Ich hatte keinen Zugang mehr zu ihm. Nun werden Sie fragen, was soll das, Kind-Ich, Erwachsenen-Ich? Es ist das große Verdienst von Eric Berne (,,Spiele der Erwachsenen''), dem Begründer der Transaktionsanalyse, erkannt zu haben, daß unser gesamtes Denken, Fühlen, Handeln und die Art, wie wir miteinander kommunizieren, im Grunde aus drei Quellen stammen:

1. aus unseren gefühlsmäßigen Erfahrungen als Kind
2. aus unseren bewußten, rationalen Erfahrungen, die wir mit Menschen, geistigen und materiellen Dingen gemacht haben. Dadurch wurden wir erst zu eigenständig denkenden und handelnden Erwachsenen

3. aus unseren beobachteten, sozusagen geborgten, Erfahrungen aus „zweiter Hand", sprich: von Eltern, Verwandten, Freunden, Lehrern und so weiter

Nach Berne setzt sich die Persönlichkeit daher aus Kind-Ich, Erwachsenen-Ich und Eltern-Ich zusammen. In unserer kleinen Einführung in die Transaktionsanalyse geht es nun darum, wie diese drei Persönlichkeitsanteile in uns die Art und Weise, wie wir miteinander kommunizieren, beeinflussen, und was wir wissen müssen, um unsere Kommunikation harmonischer und konfliktfreier zu gestalten.

Dazu ist es zunächst notwendig, daß wir uns mit diesen Persönlichkeitsanteilen, den sogenannten Ich-Zuständen, etwas eingehender beschäftigen, bevor wir uns der eigentlichen Analyse der Transaktionen zuwenden.

Eine Transaktion ist übrigens die kleinste Einheit der Kommunikation. Es kann ein „Guten Tag", ein Kopfnicken, ein Wort, ein ganzer Satz oder ein Achselzucken sein. Eine Unterhaltung setzt sich somit immer aus einer Kette von Transaktionen zusammen. Transaktionen können sowohl verbaler als auch nichtverbaler Art sein.

Kind-Ich (K)

Das Kind-Ich ist unser Gefühls-Ich. Als Kinder waren wir fröhlich, erwartungsvoll, traurig, zornig, wütend oder brav und folgsam, je nachdem, was und wie wir etwas erlebten.
Auch als Erwachsene haben wir ein Kind-Ich. Das Kind-Ich hat drei Ausprägungen:

1. spontan (ausgelassen, fröhlich, verspielt)
2. rebellisch (trotzig, patzig, wütend, aggressiv)
3. angepaßt (traurig, wehleidig, unterwürfig, schmollend)

Typische nichtverbale Äußerungen des Kind-Ich sind zum Beispiel:

- Schmollen, Weinen, gebeugter Kopf (angepaßtes Kind-Ich)
- Wutausbrüche, Grimassen schneiden, ,,Bocken'' (rebellisches Kind-Ich)
- Lachen, Kichern, Hüpfen, neugierig sein (spontanes Kind-Ich)

Verbale Äußerungen des Kind-Ich könnten etwa folgende sein:

Spontanes Kind-Ich:
- ,,Das find' ich ja toll!''
- ,,Ich mag dich.''

Angepaßtes Kind-Ich:
- ,,Ich möchte . . . darf ich?''
- ,,Ich hab' Angst.''

Rebellisches Kind-Ich:
- ,,Ist mir egal.''
- ,,Was soll ich damit?''

Erwachsenen-Ich (ER)

Das Erwachsenen-Ich ist der rationale Teil der Persönlichkeit. Auch ein Kind kann sich verhalten und Erfahrungen machen wie ein Erwachsener: wenn es zum Beispiel sein Spielzeugauto auseinandernimmt, um zu sehen, wie es funktioniert; wenn es feststellt, daß die Mutter traurig ist, weil der Vater betrunken nach Hause gekommen ist; oder wenn es etwas Neues lernt.

Wie Eric Berne sagt, ist das Erwachsenen-Ich der ,,kleine Computer'' in uns, der es uns ermöglicht, der Welt rational zu begegnen. Das Erwachsenen-Ich ,,verrechnet'' laufend Daten, nimmt Einschätzungen vor, bildet Hypothesen, stellt Prognosen auf.

Typische nonverbale Äußerungen des Erwachsenen-Ich sind:

- interessierter, offener Gesichtsausdruck
- flinke Augenbewegungen
- Konzentration

Verbale Transaktionen des Erwachsenen-Ich könnten die folgenden sein:

- „Ich denke, daß . . . "
- „Wieviel Uhr ist es?"
- „Ist es möglich, mir die Unterlagen bis morgen zu besorgen?"
- „Angenommen, daß . . . "
- „Wie denken Sie darüber . . . ?"

Eltern-Ich (EL)

Im Eltern-Ich eines Menschen sind seit seiner frühesten Kindheit alle Botschaften und Verhaltensweisen seiner Eltern, Geschwister, Verwandten, Freunde, Lehrer und sogar seiner Idole gespeichert. Es sind Aufzeichnungen darüber, wie man sich in bestimmten Situationen verhält, was man sagt, wie man sich kleidet, ja sogar, was man denken und fühlen soll.

Wie man seine Eltern selbst erlebt hat, manchmal streng, manchmal gütig, so hat auch das Eltern-Ich einer Person grundsätzlich zwei Ausprägungen: einen „kritisierenden" und einen „wohlwollenden" Teil.

Typische nichtverbale Äußerungen des kritisierenden Eltern-Ich sind:

- Naserümpfen
- verschränkte Arme
- gefurchte Augenbrauen
- erhobener Zeigefinger

Nichtverbale Äußerungen des wohlwollenden Eltern-Ich sind:

- besorgter Gesichtsausdruck
- Hand auf die Schulter legen
- verständnisvolles Nicken

Verbale Transaktionen des Eltern-Ich könnten etwa folgende sein:

Wohlwollendes Eltern-Ich:

- „Das hast du einfach prima gemacht!"
- „Du schaffst das schon!"
- „Ruhen Sie sich doch mal aus!"

Kritisierendes Eltern-Ich:

- „Man muß doch einfach sehen, daß . . . !"
- „Es ist unerhört, daß . . . !"
- „Wie der wieder rumläuft!"

In der Kommunikation kommen die verschiedenen Ich-Zustände zu Wort. Diese können sich, je nach äußeren oder auch inneren Reizen, blitzschnell ändern. Selbst während einer kurzen Unterhaltung wechseln die Ich-Zustände mehrmals.

Parallele beziehungsweise komplementäre Transaktionen

Die einfachsten und unproblematischsten Transaktionen sind die parallelen beziehungsweise komplementären Transaktionen. Warum? Ganz einfach, weil derjenige Ich-Zustand, der angesprochen wird, auch antwortet.

Hier zwei Beispiele einer parallelen Transaktion von Erwachsenen-Ich zu Erwachsenen-Ich:

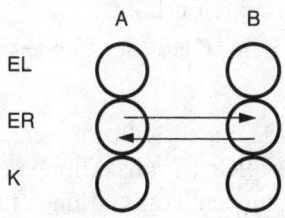

A zu B: „Wann, bitte, fliegt die nächste Maschine nach Paris?"
    B: „Um 19 Uhr, mein Herr."

A zu B: ,,Der Nettogewinn lag in diesem Jahr unter den Erwartungen.''

B: ,,Richtig, darum sollten wir mit den geplanten Investitionen noch warten, bis sich unsere Lage verbessert hat.''

Wir wir wissen, tauscht das Erwachsenen-Ich meist rationale Einschätzungen aus. Da sich beide Personen in ihrem ER befinden, bleibt das Gespräch auf einer sachlichen Ebene – ohne Komplikationen.

Wie man in diesem und in den folgenden Beispielen sieht, führen parallele Transaktionen zu entsprechenden Reaktionen und werden von beiden Gesprächspartnern als befriedigend erlebt.

Hier ein Beispiel einer parallelen Transaktion von Eltern-Ich zu Eltern-Ich:

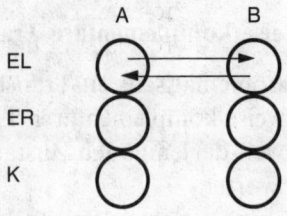

A zu B: ,,Stellen Sie sich vor, unsere Parlamentarier haben wieder einmal ihre Diäten erhöht!''

B: ,,So wird mit dem Geld des Steuerzahlers umgegangen!''

Die angenehmste und befriedigendste Form menschlicher Kommunikation stellen die parallelen Transaktionen des spontanen Kind-Ich dar. Typische Kind-Ich-Transaktionen finden sich beispielsweise in der ,,Baby-Sprache'' von Verliebten.

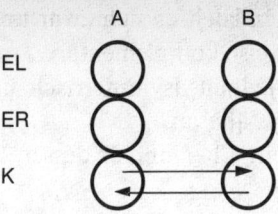

A zu B: „Ich mag dich!"
      B: „Ich mag dich auch!"

A zu B: „Schau, dort, das schöne Sportcabriolet!"
      B: „Damit könnte man tolle Ausflüge machen!"

Dort, wo das spontane Kind-Ich ungehindert zum Ausdruck kommt, herrscht ein Höchstmaß an kommunikativer Harmonie.

Auch bei den folgenden Beispielen handelt es sich um parallele Transaktionen, aber um verschobene. Zwar ist diese Transaktion noch weitgehend konfliktfrei, jedoch hat man das Gefühl, daß hier aneinander vorbeigeredet wird. A möchte B gerne zu einer Eltern-Ich-Transaktion einladen. Person B reagiert jedoch aus ihrem Gefühls-(Kind-)Ich.

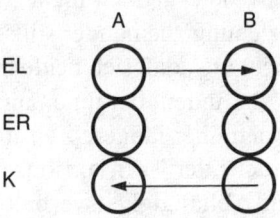

A zu B: „Diese Jugend heute müßte wieder einmal lernen, was harte körperliche Arbeit bedeutet!"
      B: „Schau, da kommt etwas Schönes im Fernsehen!"

A zu B: „Finden Sie nicht auch, daß der neue Abteilungsleiter fehl am Platz ist?"
      B: „Müssen wir denn immer von unangenehmen Dingen reden?"

Beim folgenden Beispiel handelt es sich zwar immer noch um eine parallele beziehungsweise komplementäre Transaktion (von EL zu K). Sie verläuft jedoch asymmetrisch und deutet ein Beziehungs- und Machtgefälle an.

Angenommen, A sei ein Chef und B dessen Sekretärin.

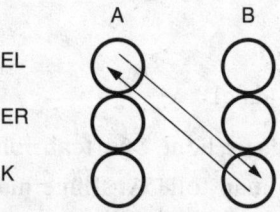

A zu B: ,,Warum liegt die Akte ,Meier' nicht auf meinem Schreibtisch?''

B: ,,Wie dumm von mir, daß ich das vergessen konnte!''

Der Chef behandelt seine Sekretärin wie ein unartiges Kind, und diese reagiert prompt aus ihrem angepaßten Kind-Ich. Für einen Außenstehenden mag diese Unterhaltung konflikthaft sein, für die Beteiligten selbst ist sie es jedoch nicht, da beide in ihren Transaktionen die Beziehung zueinander stillschweigend anerkennen. Dies schließt nicht aus, daß sich beide möglicherweise in einem latenten Konflikt befinden, der ihnen nicht bewußt ist. Verlaufen die Transaktionen über längere Zeit in dieser Form, so könnte man in der Sprache der Transaktionsanalyse von einer Symbiose, also einem Abhängigkeitsverhältnis, sprechen, zu dem sich aber beide Seiten – und das ist entscheidend – bekennen.

Dreiecks- beziehungsweise anguläre Transaktionen

Bisher hatten wir es mit parallelen Transaktionen zu tun, die kennzeichnend sind für eine relativ konfliktfreie Kommunikation. Bei den Dreiecks- beziehungsweise angulären Transaktionen ist das nicht mehr der Fall. Sie treten meistens bei Mißverständnissen oder verstecken Angriffen auf.

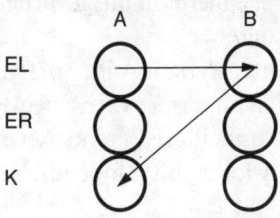

A zu B: „Stell dir vor, die Tochter unseres Nachbarn lebt mit ihrem Freund in ‚wilder Ehe‘!"

B: „Ist das bei deiner Schwester etwa anders?"

Überkreuzte Transaktionen

Überkreuzte Transaktionen gelten dagegen als typisch für konflikthafte Kommunikation und sogar für ernsthaft gestörte zwischenmenschliche Beziehungen.

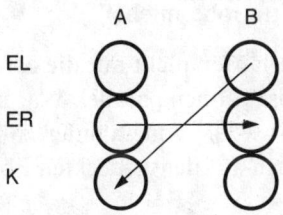

A zu B: „Ich habe Krauses für heute abend eingeladen."

B: „Damit du mal wieder Grund zum Trinken hast!"

A zu B: „Der Bericht liegt jetzt vor!"

B: „Es wurde ja auch wirklich Zeit, Herr Meier!"

Verdeckte Transaktionen

Manchmal schwingt in einer Transaktion auch eine verdeckte psychologische Seite mit. Sie bleibt unausgesprochen und ist oft nur schwer zu diagnostizieren.

In unserem Beispiel richtet Person A ihre offene Transaktion von ihrem Erwachsenen-Ich an das Erwachsenen-Ich von B. Auf einer nonverbalen Ebene appelliert Person A verdeckt aus ihrem Kind-Ich an Bs Eltern-Ich: ,,Bitte lobe mich für meine tolle Leistung."

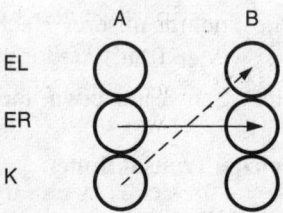

A zu B: ,,Dieser Vertragsabschluß wird uns eine Menge Geld einbringen!"

(verdeckt:) ,,Bitte lobe mich!"

Im folgenden Beispiel verlaufen nicht nur die offenen, sondern auch die verdeckten Transaktionen parallel. Warum? Weil beide Personen genau wissen, was sie voneinander zu halten haben, und weil sie sich daher auch auf der verdeckten Ebene verstehen.

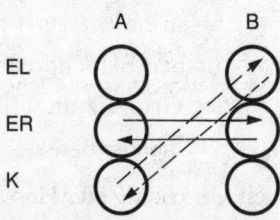

A (offen): ,,Ich habe den Bericht noch nicht geschrieben!"
(verdeckt): ,,Ich bin ein schlechter Mitarbeiter!"

B (offen): ,,Den brauche ich aber dringend!"
(verdeckt): ,,Ja, du bist ein schlechter Mitarbeiter!"

Test

1. Warum kann man parallele beziehungsweise komplementäre Transaktionen als konfliktfrei bezeichnen?
   a) weil die Kommunikation immer auf derselben Ebene der Ich-Zustände verläuft?
   b) weil aus dem Ich-Zustand, der angesprochen wurde, auch geantwortet wird?
   c) weil beide Kommunikationspartner gleichwertig sind?

2. Wenn also konfliktfreie Transaktionen dadurch gekennzeichnet sind, daß der Gesprächspartner jeweils aus dem angesprochenen Ich-Zustand antwortet, was könnte man Ihrer Meinung nach daraus schließen?
   a) daß beide Gesprächspartner einer Meinung sind?
   b) daß beide Gesprächspartner einander sympathisch sind?
   c) daß sich beide Gesprächspartner in ihren Rollen akzeptieren?

Übungen:

1. Ich-Zustände sprechen lassen

Markieren Sie drei Stellen am Boden. Die drei Markierungen symbolisieren Ihre Ich-Zustände. Stellen Sie sich auf die erste Markierung. Lassen Sie Ihr Kind-Ich zu sich sprechen. Machen Sie einen Schritt zur zweiten Markierung. Lassen Sie Ihr Eltern-Ich zu sich sprechen. Machen Sie einen weiteren Schritt. Lassen Sie Ihr Erwachsenen-Ich zu sich sprechen. Jeweils 3 Minuten lang.

2. Transaktionen diagnostizieren

Beobachten Sie eine Unterhaltung in einer Fernseh-Familien-Serie. Versuchen Sie zu analysieren, inwieweit die verschiedenen Transaktions-Arten zum Ausdruck kommen. Machen Sie sich dabei Notizen und fertigen Sie sich eine Skizze nach dem Struktur-Modell an.

Was können wir aus der Betrachtung der Transaktionsanalyse als *Fazit* ableiten?

1. Es gibt keinen guten oder schlechten Ich-Zustand. Jeder Ich-Zustand und dessen Inhalte sind integrative Bestandteile der Persönlichkeit. Jeder Ich-Zustand hat seine besondere Funktion.

2. Wechsel der Ich-Zustände während einer Unterhaltung sind durchaus normal, selbst wenn darin die ein oder andere überkreuzte Transaktion vorkommen sollte. Lassen Sie sich also dadurch in einem Gespräch nicht irritieren. Versuchen Sie aber, in solchen Situationen bei nächster Gelegenheit wieder auf die Erwachsenen-Ebene zu kommen.

3. Vermeiden Sie den allzu häufigen Einsatz des kritisierenden Eltern-Ich. Dadurch fühlt sich der Gesprächspartner in eine Kindrolle gedrängt und reagiert meist aggressiv, entweder aus dem rebellischen Kind-Ich oder seinerseits aus dem kritisierenden Eltern-Ich.

Ist man selbst Opfer des kritisierenden Eltern-Ich eines Gesprächspartners, reagiert man am besten aus dem Erwachsenen-Ich und versucht gleichzeitig das spontane Kind-Ich seines Gegenübers zu stimulieren. Das entkrampft die Situation und gibt dem „Eltern-Ichler" die Chance, einen anderen Ich-Zustand zu besetzen.

4. Bedenklich allerdings wird es, wenn zwei Personen über einen längeren Zeitraum auffallend häufig über Kreuz kommunizieren oder wenn sie in bestimmten Ich-Zuständen verharren. Die Transaktionsanalyse spricht dann von einer Befangenheit in einem Ich-Zustand, die die Nutzung anderer gleichzeitig ausschließt. Hierbei handelt es sich mit einiger Sicherheit um eine gestörte Persönlichkeitsstruktur beziehungsweise um eine gestörte zwischenmenschliche Beziehung.

Kopf und Bauch: Sach- und Beziehungsebene der Kommunikation

Wie wir gesehen haben, gibt es eine Sach- und eine Beziehungsebene des Konflikts. Das heißt, es geht einmal um eine äußere Sache, über die man sich streitet, und zum anderen um verborgene Gefühle und Gedanken, die den Konflikt in seinem Verlauf beeinflussen. Ähnlich verhält es sich in der Kommunikation. Nach Paul Watzlawick sprechen wir auch hier von einer Sach- beziehungsweise Inhaltsebene, welche die offenen, und einer Beziehungsebene, welche die verdeckten Transaktionen umfaßt. Man könnte auch von einer Kopf- und einer Bauchebene der Kommunikation sprechen.

Schulz von Thun hat die Bauchebene noch etwas weiter differenziert und unterscheidet neben der Beziehungsebene noch die Appellebene und die Selbstdarstellungsebene.

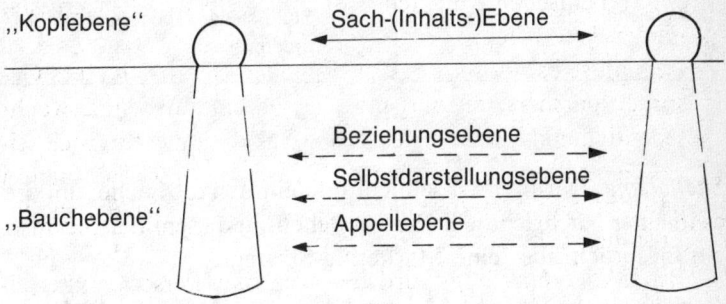

Das folgende Beispiel veranschaulicht, welche unterschiedlichen Botschaften auf den verschiedenen Ebenen ein einziger Satz enthalten kann, den ein Mitarbeiter zu seinem Vorgesetzten sagt:

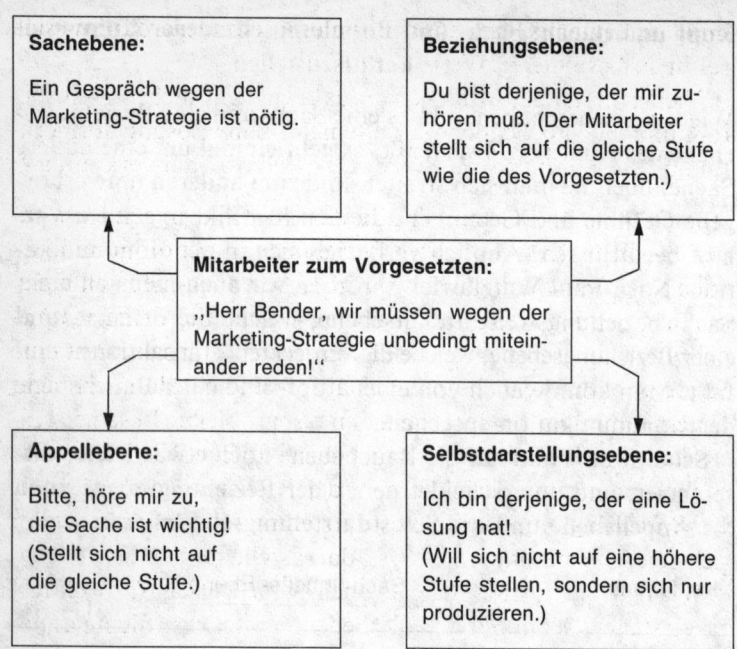

Sachebene:

Ein Gespräch wegen der Marketing-Strategie ist nötig.

Beziehungsebene:

Du bist derjenige, der mir zuhören muß. (Der Mitarbeiter stellt sich auf die gleiche Stufe wie die des Vorgesetzten.)

Mitarbeiter zum Vorgesetzten:

,,Herr Bender, wir müssen wegen der Marketing-Strategie unbedingt miteinander reden!"

Appellebene:

Bitte, höre mir zu, die Sache ist wichtig! (Stellt sich nicht auf die gleiche Stufe.)

Selbstdarstellungsebene:

Ich bin derjenige, der eine Lösung hat! (Will sich nicht auf eine höhere Stufe stellen, sondern sich nur produzieren.)

Sachebene: Darunter ist schlicht und einfach die Sache, um die es in einer Nachricht geht, zu verstehen, in diesem Beispiel also ein Gespräch über eine Marketing-Strategie.

Beziehungsebene: Jeder Mensch hat das Bedürfnis, in der Kommunikation die Beziehung zu seinem Gesprächspartner zu definieren. Dabei steht die Frage im Vordergrund: Wer bin ich, und wer ist der andere? Die Beantwortung dieser Frage entscheidet dann über den weiteren Verlauf der Beziehung, ob distanziert, ob vertrauensvoll, ob kollegial oder gar jovial.

So könnte der Vorgesetzte in unserem Beispiel stutzig werden und sich fragen: ,,Wer ist ,wir'? Wie kommt dieser Mensch dazu, sich mit mir auf die gleiche Stufe zu stellen?"

Selbstdarstellungsebene: Es gibt Fälle, in denen es einem der Kommunikationspartner nicht primär darum geht, die Beziehung zu seinem Gegenüber festzulegen, sondern darum, sich selbst in besonderer Weise herauszustellen.

Vielleicht hat der Mitarbeiter das „wir" gar nicht so sehr betont und möchte vielmehr vor allem auf seine Lösung aufmerksam machen und dadurch auch seine Person „gut verkaufen".

Appellebene: Manchmal steht hinter einer Aussage jedoch weder das Bedürfnis nach einer Beziehungsdefinition noch jenes nach Selbstdarstellung, sondern ein anderes verschlüsseltes Bedürfnis. In unserem Beispiel hat die Aussage eine deutliche Appellfunktion. Nehmen wir einmal an, der Mitarbeiter hat eine Strategie entwickelt, die er für unaufschiebbar hält, damit dem Unternehmen ein größerer Schaden erspart bleibt. In seinem Eifer hat er sich etwas ungeschickt ausgedrückt. Vielleicht geht es ihm nur um die Dringlichkeit der Sache und nicht darum, die Beziehung zu seinem Vorgesetzten neu zu definieren oder sich selbst in besonderer Weise darzustellen.

Wie man sieht, ist es nicht so leicht, eine Botschaft „richtig" zu verstehen. Kommunikation bedeutet zunächst nichts anderes als die Übermittlung von Nachrichten, wobei jedoch der Sender die Nachricht kodieren muß, und der Empfänger muß sie dekodieren.

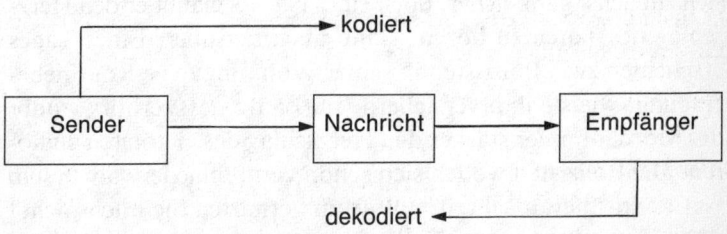

Kodiert wird eine Nachricht außer durch die Wortwahl auch durch Tonfall, Satzstruktur, Mimik, Blickrichtung und andere Formen der Körpersprache.

Schwierigkeiten in der Kommunikation ergeben sich, wenn Nachrichten vom Sender — bewußt oder unbewußt — anders kodiert werden, als vom Empfänger erwartet wird. Oder wenn die Nachricht vom Empfänger anders dekodiert wird, als vom Sender beabsichtigt ist.

Wie kommt es, daß Nachrichten vom Sender mehrdeutig kodiert, und wie kommt es, daß sie vom Empfänger häufig falsch dekodiert werden?

Die Antwort lautet: Kodierung und Dekodierung erfolgen größtenteils unbewußt, und: Überall dort, wo es um verdrängte Absichten, Emotionen, latente Konflikte oder auch um ein angegriffenes Selbstwertgefühl geht, besteht die Gefahr einer falschen Kodierung beziehungsweise Dekodierung.

Hat der Vorgesetzte in unserem Beispiel schon länger das Gefühl, daß man ,,an seinem Stuhl sägt'', besteht eine große Wahrscheinlichkeit, daß er die Äußerung des Mitarbeiters auf der Beziehungsebene wahrnimmt.

Die Gründe, weshalb Personen verstärkt auf einer negativen Beziehungsebene dekodieren, liegen meist in einem angegriffenen SWG, in Unsicherheit, Minderwertigkeitsgefühlen, manchmal auch in einem schlechten Gewissen.

Vielleicht ist Ihnen die schauerliche Geschichte ,,Das verräterische Herz'' von Edgar Alan Poe bekannt: Ein junger, geistig etwas verwirrter Mann begeht einen Mord in seiner Wohnung. Die Leiche versteckt er unter den Fußbodendielen. Er fühlt sich zunächst ganz sicher, doch eines Nachts glaubt er den Herzschlag des Toten zu hören. Dann auch tagsüber. Eines Tages erscheinen zwei Polizisten in seiner Wohnung; eine Routinebefragung, wie sie ihm versichern. Im Laufe des Verhörs glaubt der Mörder immer stärker den Herzschlag des Getöteten zu hören. Die Polizisten wollen sich schon verabschieden, als er sein Geständnis herausschreit: ,,Warum verhaften Sie mich nicht? Warum tun Sie so, als ob Sie nicht dasselbe hörten wie ich?''

Dem jungen Mann in dieser Geschichte geht es wie vielen, die ebenfalls eine ,,Leiche im Keller'' haben und aus Angst, ertappt zu werden, in den Reaktionen ihrer Gesprächspartner Anspielungen auf das zu sehen meinen, was sie zu verbergen versuchen.

Schulz von Thun schreibt in seinem Buch ,,Miteinander reden": „Wer in einem Warenhaus eine Vase stiehlt und sie unter seinem Rock verbirgt, fühlt mit einem Mal die Blicke aller Kunden und Verkäufer auf sich gerichtet, fühlt sich ertappt und verurteilt, umgeben von Detektiven und Richtern." Tiefenpsychologisch gesehen, sind dies aber die Detektive und Richter in der Person selbst. Sie sind sozusagen zu Teilen des Eltern-Ich geworden.

Ein solcher psychologischer Zustand ist immer auch mit erhöhter physiologischer Alarmbereitschaft (Kampf- und Fluchthormone) verbunden, mit der, wie wir wissen, eine Einengung der Wahrnehmung einhergeht. Die Person ist nicht mehr wirklich Herr ihrer Sinne und Reaktionsweisen, sie befindet sich, psychologisch gesehen, unter einer unsichtbaren Glocke, an der die Realität abprallt. Ängste werden verstärkt nach außen projiziert. Aus Nichtigkeiten werden Bedrohungen („Warum hat er eben so gegrinst? Wußt' ich's doch, er will mir ans Leder!"); die eigenen Phantasieprodukte werden zunehmend als real angesehen; sie lösen dann in der Umwelt oft gerade diejenigen Reaktionen (Abkehr, Mißtrauen) aus, die der betreffende „erwartet" und die er schließlich als die Bestätigung seiner Befürchtungen interpretiert.

Abb. 9

81

In diesem Zustand besteht auch die Gefahr der falschen beziehungsweise mehrdeutigen Kodierung seitens des Senders. Denn in Konfliktsituationen will oft der Bauch etwas anderes als der Kopf. Der Bauch (unbewußte Motive, Antriebe) möchte angreifen, fluchen, toben, der Kopf aber verordnet Vernunft und Kalkül (wie es sich im Berufs- und Geschäftsleben geziemt). Dadurch kommt es zu einem Auseinanderklaffen von Denken und Handeln und zu sogenannten inkongruenten, das heißt zuwiderlaufenden verbalen und nichtverbalen Botschaften. Dies ist zum Beispiel der Fall, wenn die vom Chef verletzte Sekretärin ihren Ärger nicht zeigen kann oder will und ihm beim Kaffeeservieren, ohne bewußte Absicht, die volle Tasse über die Hose schüttet. Oder wenn in einer Besprechung zwei bis aufs Blut verfeindete Teilnehmer jedesmal, wenn sie das Wort aneinander richten, unterm Tisch Papierstücke zerknüllen oder Bleistifte zerbrechen.

Selbst- und Fremdwahrnehmung: Das Johari-Fenster

Selbst- und Fremdwahrnehmung stimmen oft nicht überein. Daraus ergeben sich Schwierigkeiten in der Kommunikation. Was beispielsweise der Sender glaubt, gesagt oder getan zu haben, kann vom Empfänger oder von unbeteiligten Dritten ganz anders aufgefaßt werden. Das Johari-Fenster veranschaulicht, welche bewußten, verborgenen und unbewußten Teile der Persönlichkeit auf die Kommunikation Einfluß nehmen können.

anderen bekannt

	Öffentliches Ich (freies Handeln)	Blinder Fleck (unfreies Handeln)	
mir bekannt			mir unbekannt
	Verborgenes Ich (verborgenes Handeln, Denken)	Unbewußtes	

anderen unbekannt

Das *Öffentliche Ich* ist der Bereich des bewußten und gewollten Verhaltens – es ist für alle sichtbar. Der Bereich des freien Handelns ist für die Person um so größer, je weniger sie in ihrem Verhalten von zuwiderlaufenden unbewußten und verborgenen Motiven bestimmt wird.

Das *Verborgene Ich* ist der Bereich der inneren Motive, die nur der Person selbst bekannt sind, anderen nicht.

Das *Unbewußte* ist weder der Person selbst noch der Umwelt bekannt. Unbewußte Motive können einer Person allenfalls in Träumen oder Psychotherapien bekannt werden.

Der ,,*Blinde Fleck*" ist der Bereich der für die Person selbst nicht hinlänglich bekannten äußeren Merkmale (zum Beispiel Aussehen, Körperhaltung, Mimik, Gestik) oder Verhaltensweisen, die aber von der Umwelt registriert werden. Der ,,Blinde Fleck" wird um so größer, je mehr die Person von unbewußten und verborgenen Motiven beherrscht wird, was in Konflikt- und Streßsituationen häufig der Fall ist.

Das folgende Beispiel veranschaulicht, wie die vier Bereiche des Johari-Fensters in einer alltäglichen Situation zur Wirkung kommen: Ein Party-Gast hat eine außerordentlich starke Antipathie gegenüber dem Gastgeber. Er nimmt die Einladung nur aus formalen Gründen an. Im Laufe des Abends wird der Gast plötzlich mit dem Gastgeber konfrontiert. Obwohl er sich alle erdenkliche Mühe gibt, trotz seiner Abneigung (Verborgenes Ich), dem ,,Hausherrn" höflich und korrekt zu begegnen (gewolltes Verhalten des Öffentlichen Ich), fällt Umstehenden die ungeschickte, ja geradezu provozierende Wortwahl des Gastes auf (dessen ,,Blinder Fleck"). Von einer dieser umstehenden Personen später darauf angesprochen, streitet er ab, irgendwelche Zerwürfnisse mit dem Gastgeber zu haben.

Das Modell des Johari-Fensters besagt, daß die Bereiche verschiebbar sind, also größer oder kleiner werden können. Was kann man tun, um den Bereich des freien Ich zu vergrößern und den des ,,Blinden Flecks" zu verringern? Was kann man tun, um Mißverständnisse in der Kommunikation zu vermeiden?

1. Offen kommunizieren

Vermeiden Sie als Sender mehrdeutige Kodierungen, das heißt, kommunizieren Sie offen. Wenn Ihnen zum Beispiel etwas nicht paßt, bringen Sie dies zum Ausdruck. Stellen Sie daher auch die Frage nach Ihren eigenen Wünschen, Motiven und Vorurteilen.

2. Informationen beschaffen

Vermeiden Sie als Empfänger Falsch-Dekodierungen, indem Sie sich beispielsweise durch Fragen Informationen über die Absichten und Motive des Senders verschaffen.

3. Verschaffen Sie sich Feedback – geben Sie Feedback

Fragen Sie bei Ihrem Gesprächspartner nach, wie er die Nachricht verstanden hat. Fragen Sie bei Ihrem Gesprächspartner nach, wie er eine bestimmte Aussage gemeint hat.

Wenn Sie diese Kontrollmechanismen in Ihre Kommunikation einbauen, werden Sie feststellen, daß Ihr freies Ich gestärkt wird und Sie weniger von verborgenen Motiven, welche die Kommunikation stören, beherrscht werden. In der Sprache des Johari-Fensters: Der Bereich des freien Handelns wird größer und der Bereich des ,,Blinden Flecks" kleiner.

Hinweis für Vorgesetzte:

Wenn Sie es mit einem ,,problematischen" und konfliktbeladenen Mitarbeiter zu tun haben, denken Sie daran, daß er die Wirklichkeit anders wahrnimmt als Sie. Denken Sie daran, daß er sich unter einer ,,psychologischen Glocke" beziehungsweise in einem ,,Blinden Fleck" befindet. Tun Sie alles, um ihn da herauszuholen. Bevor Sie mit ihm über Sachfragen diskutieren, sprechen Sie mit ihm über seine privaten oder betrieblichen Probleme.

Selbstbild und das Bild vom anderen

Das Selbstbild

Wir alle haben ein Bild von uns selbst. Dieses Selbstbild ist aber kein wirklichkeitsgetreues Abbild unserer Persönlichkeit, sondern eher ein Kompromiß. Ein Kompromiß nämlich zwischen dem vermuteten Bild, das sich andere von uns machen und in der Vergangenheit gemacht haben (etwa Eltern, Geschwister, Freunde), und dem Bild, wie wir gerne sein beziehungsweise wie wir nach außen hin gerne erscheinen möchten.

Keine Frage, daß das Selbstbild eine sehr fragile Angelegenheit und oft sehr störanfällig ist. Das Selbstbild wird von Stimmungen beeinflußt, und besonders in Konfliktsituationen und unter Streß kann es bis zur Unkenntlichkeit in Mitleidenschaft gezogen werden.

Andererseits kann man das Selbstbild durchaus auch positiv beeinflussen, beispielsweise indem man sich etwas zutraut, indem man sich Ziele setzt und diese erreicht. Dadurch macht man sich von Fremdbildern unabhängig, man gewinnt an Selbstvertrauen, was sich schließlich wieder auf das eigene Selbstbild und die Art und Weise, wie einen andere sehen, positiv auswirkt.

Das Bild vom anderen

Wir alle haben auch ein Bild vom anderen. Schon bei einer flüchtigen Begegnung macht man sich ein Bild von der betreffenden Person. Man sagt zwar, der andere hinterlasse einen Eindruck (einen guten oder weniger guten), und drückt damit aus, daß es bei der betreffenden Person liege, welches Bild man sich von ihr macht. Tatsächlich ist es aber so, daß das Bild vom anderen kein reales Abbild des Betreffenden ist, sondern immer zugleich auch unbewußte Projektion eigener Wünsche, Ängste und Bedürfnisse. Eine Projektion vollzieht sich immer dann, wenn wir in den anderen etwas hineininterpretieren, was seinem wirklichen Wesen nicht entspricht.

Haben wir zum Beispiel vor jemandem Angst, so hat dies Einfluß auf das Bild, das wir uns von der betreffenden Person machen, unabhängig davon, ob diese etwas Böses im Schilde führt oder nicht. Das Bild ändert sich dann schnell, wenn man erfährt, daß der andere einem wohlgesonnen ist und zudem die Befriedigung bestimmter Bedürfnisse in Aussicht stellt.

Selbstverständlich verändert sich das Bild, das man von seinen Mitmenschen hat, auch durch neue Erfahrungen. Das Bild, das frischverliebte Pärchen voneinander haben, ändert sich nach dem ersten Beziehungskrach − es wird dann realistischer und weniger von Projektionen bestimmt.

Das Bild vom anderen beeinflußt dessen Selbstbild

Es ist eine oft unterschätzte Tatsache, daß das Bild, das wir uns vom anderen machen, dessen Selbstbild und schließlich auch dessen Verhalten entscheidend mitbeeinflußt.

− Hält man jemand für dumm, so wird man Hinweise finden, die dieses Vorurteil bestätigen. Mehr noch: Es besteht sogar die Wahrscheinlichkeit, daß die betreffende Person irgendwann einmal selbst glaubt, sie sei dumm, und sich dementsprechend verhält.

− Hält man jemand für kriminell oder minderwertig, weil er aus einem bestimmten sozialen Milieu kommt, so darf man sich nicht wundern, wenn der Betreffende tatsächlich kriminell wird.

− Glaubt man, eine Person sei aggressiv, so wird man diese Person ohne viel Schwierigkeiten dazu bringen, sich aggressiv zu verhalten.

− Traut man jemand viel Positives zu, so schafft man eine psychologische Atmosphäre, welche die betreffende Person tatsächlich zu großartigen Leistungen beflügelt.

Wie diese Beispiele zeigen, schafft man durch das Bild vom anderen einen psychologischen Rahmen, der beim Mitmenschen nicht selten gerade jene Verhaltensweisen auslöst, die man von ihm „erwartet". Man spricht hierbei auch von der sogenannten sich selbsterfüllenden Prophezeiung.

Erinnern wir uns an das Beispiel aus Kapitel I: Ein Werkmeister hat Vorurteile gegenüber ausländischen Mitarbeitern. Er hält sie alle für faul. Kein Wunder, wenn sich dieser Vorgesetzte faule Mitarbeiter „produziert". Denn wenn man dem Mitarbeiter nur oft genug das Etikett Faulheit „aufklebt" und ihm sonst keine Aufmerksamkeit − also auch kein Lob − schenkt, so wird er sich den Umständen anpassen und keine unnützen Energien darauf verschwenden, beim Vorgesetzten vielleicht irgendwann einmal im Ansehen zu steigen. Man könnte hier auch von einem Teufelskreis der sich selbsterfüllenden Prophezeiung sprechen − vorausgesetzt, es handelt sich um negative Vorurteile.

Das Prinzip wirkt aber auch umgekehrt bei positiven Vorurteilen. Fühlen wir uns nicht oft gerade so, wie andere auf uns reagieren − im Guten wie im Schlechten?

In Kapitel I. haben wir gesehen, was passiert, wenn Konflikte eskalieren. Man könnte sagen: Die Eskalation von Konflikten ist gekennzeichnet durch ein Schwinden der Empathie (der Fähigkeit, sich in andere hineinzuversetzen, mit ihnen zu fühlen). Die negativen Vorurteile nehmen dann immer mehr zu. Auf höchster Eskalationsstufe neigen die Konfliktgegner sogar dazu, die Gegenseite zu „entmenschlichen". Sogar ein ehemals guter Freund kann im „Kriegsfall" zum „Un-" und „Untermenschen" werden. Es regiert der blinde Haß. Beide Seiten sind dann Gefangene ihres „Blinden Flecks". Es wird alles unternommen, um das „freie Ich" des Gegners zu zerstören, um seine Handlungsfreiheit einzuschränken.

Halten wir also fest: Unser Selbstbild bestimmt unser Verhalten und die Art und Weise, wie andere auf uns reagieren. Das Bild, das wir uns von unseren Mitmenschen machen, beeinflußt wiederum deren Verhalten.

Unternehmen Sie daher alles, um zu einem positiven Selbstbild zu kommen. Versuchen Sie, das Positive in Ihren Mitmenschen zu sehen, auch wenn Sie sich im Konflikt mit ihnen befinden. In Konfliktsituationen ist es wichtig, das Selbstbild und das Bild, das man sich vom Gegner macht, immer wieder neu zu überprüfen.

Das Vertrauen, das Sie in andere setzen, ist eine der besten Investitionen, die Sie tätigen können – auch für Ihr eigenes Selbstbild.

Konflikt und Bedürfnisaustausch

Der „Markt" der Bedürfnisse

Erinnern wir uns an die Maslowsche Bedürfnis-Theorie. Sie spricht von der relativen Vorrangigkeit der „unteren" Bedürfnisse und davon, daß jeder Mensch ein unterschiedliches Maß an befriedigten Bedürfnissen hat. Bedürfnisse ändern sich auch ständig nach Art und Ausmaß der Befriedigung. Manche sind auch nur zum Teil befriedigt und ragen daher noch in den Minusbereich hinein.

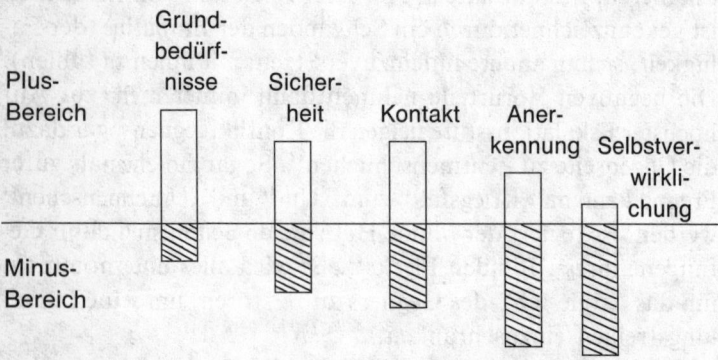

Teile ein und desselben Bedürfnispotentials können also im Minus- und andere im Plus-Bereich sein. Beispielsweise fühlt sich eine Person im großen und ganzen sozial anerkannt, nur bei bestimmten Personen oder Gruppen nicht. Oder es kann sich jemand in seiner Freizeit selbstverwirklichen, jedoch nicht im Beruf.

Jeder Mensch ist bestrebt, sein „Minus-Konto" an unbefriedigten Bedürfnissen auszugleichen. Dabei bleibt es nicht aus, daß Defizite in der Bedürfnisbefriedigung unsere Kommunikation – bewußt oder unbewußt – beeinflussen. Wie würde wohl ein Gast reagieren, den der Hunger plagt, wenn der Gastgeber den duftenden Braten allein verzehren und sich mit ihm dabei über ein wichtiges Geschäft unterhalten würde? Der Gast wäre schon nach kurzer Zeit nicht mehr in der Lage, dem Thema konzentriert zu folgen. Er würde sich unter einem Vorwand entschuldigen und das nächste Restaurant aufsuchen.

Ein lateinisches Sprichtwort sagt: ,,do ut des'' – gib, damit dir gegeben wird (wörtlich: Ich gebe, damit du gibst). Man kann aber nur von dem abgeben, was man auf der Habenseite besitzt, und man ist im Gegenzug darauf angewiesen, das zu bekommen, was einem fehlt.

Dieser Austausch von Bedürfnissen ist ein normaler, ja sogar überlebenswichtiger Vorgang. Der ,,Markt'', auf dem der Bedürfnisaustausch stattfindet, ist die Gemeinschaft. In der menschlichen Ur-Gemeinschaft, in der prähistorischen Ur-Horde, ging der Bedürfnisaustausch relativ problemlos vonstatten. Man war füreinander da, hatte Zeit zum Reden, befand sich in einem ständigen Gefühls- und Stimmungsaustausch; dabei wurden auch Pläne geschmiedet, was Feste, Jagd, Hüttenbau und andere Arbeiten anbetraf. Heute dagegen ist dieser ,,Markt'' viel komplexer, wir müssen leben mit dem Widerspruch zwischen Arbeit, Freizeit und Bedürfnisaustausch, zwischen ,,Kopf'' und ,,Bauch'' in der Kommunikation.

Bedürfnisaustausch in Betrieben

Jedes soziale System funktioniert nur aufgrund der Tatsache, daß es die Bedürfnisbefriedigung der einzelnen Mitglieder sicherstellt, zumindest aber in Aussicht stellt. Ist dies nicht mehr der Fall, so droht der Zerfall der Gruppe. Auch Betriebe sind relativ komplexe soziale Systeme, die neben dem Ziel, Gewinne zu erwirtschaften, die Aufgabe haben – in abgesteckten Grenzen natürlich –, für die Bedürfnisbefriedigung ihrer Einzelmitglieder zu sorgen. Dies geschieht zunächst auf der Ebene der materiellen Bedürfnisbefriedigung, also durch Entlohnung. Wie steht es aber mit den ,,höherwertigen'' Bedürfnissen nach psychologischer Sicherheit, nach Kontakt, Kommunikation, Identität, Anerkennung, Selbstverwirklichung?

Je ,,höher'' das befriedigte Bedürfnis, desto größer ist die Zufriedenheit der Person und desto größer ist die Motivation, auch größere Anstrengungen auf sich zu nehmen, um dieses Gefühl wiederzuerlangen.

Wir dürfen dabei nicht vergessen, daß die ,,höheren'' Bedürfnisse mindestens genauso vital sind wie die Grundbedürfnisse. Was passiert, wenn die ,,höherwertigen'' Bedürfnisse nicht oder nur unzureichend befriedigt werden? Die Folge ist: Mangelnde Motivation, ,,Frust'', geringe Frustrationstoleranz, geringe Konfliktfähigkeit, aber vermehrte Streßanfälligkeit, in extremen Fällen sogar Krankheit.

Nun findet in Betrieben, sei es aus organisatorischen, zeitlichen, arbeitstechnischen, manchmal auch aus gewollten politischen Gründen, der notwendige umfassende Bedürfnisaustausch meist nicht statt. Die Situation sieht wohl in der Regel so aus:

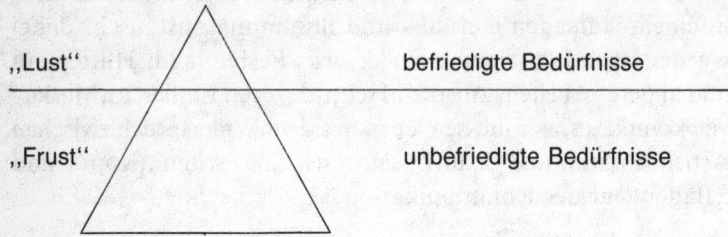

Der große, nicht sichtbare Teil des Bedürfnis-(Eis-)Bergs wird in Betrieben nicht aktualisiert. Die zwischenmenschliche Kommunikation, ein wichtiges Mittel zum Bedürfnisaustausch, bleibt in betrieblichen Organisationen größtenteils technisch und arbeitsorientiert, nicht bedürfnisorientiert (das heißt, es werden nicht Ängste, Frustrationen, Aggressionen, Sorgen mitgeteilt, sondern Anweisungen, technische Inhalte und dergleichen). Außerdem wird die Energie, die in Arbeit investiert werden muß und zusätzlich durch die Unterdrückung von Bedürfnissen — vorwiegend der oberen Ebenen — gebunden wird, nicht ersetzt. Es kommt, vor allem in Positionen, in denen selbständiges Arbeiten und Kreativität gefordert wird, zum typischen ,,Burnout-Syndrom'', also zu Sinnverlust, Niedergeschlagenheit, Gereiztheit, Streß und Konfliktanfälligkeit.

In der Folge nimmt dann, wie wir im nächsten Abschnitt über ,,Psychologische Spiele'' sehen werden, der Bedürfnisaustausch pervertierte und konflikthafte Züge an. Je stärker das verdrängte Bedürfnis, desto mehr leiden darunter auch Arbeitsmotivation und die Kommunikation auf der Sachebene. Die Mißachtung von Bedürfnissen hat also ihren Preis.

Zur Verdeutlichung ein Beispiel: Ein Pharma-Konzern übernimmt einen mittleren Betrieb der Branche. Die Übernahme kommt in aller Eile zustande. Die neuen Mitarbeiter sind durch die Art der Übernahme verärgert. Demotivation macht sich vor allem bei den übernommenen Außendienstmitarbeitern bemerkbar. Sie klagen darüber, im Vergleich zu ihren Kollegen von der Konzernmutter kleinere Firmenwagen zu fahren. Die Folgen sind schlechtere Arbeitsleistungen und Umsatzrückgang. Worin besteht das Versäumnis der Konzernleitung?

Wohl darin, daß man sich keinerlei Gedanken über die psychologische Seite des Problems gemacht hat. Eine Firmenübernahme sollte aber immer auch in dieser Hinsicht bewältigt werden. Wie reagiert wohl ein Kind auf seine neue Stiefmutter, wenn sich diese zuvor nicht genug um dessen Zuneigung bemüht hat? Nun könnte man sagen, Außendienstmitarbeiter seien erwachsene Menschen und keine Kinder mehr. Dies ist aber ein Trugschluß, denn in jedem Erwachsenen steckt ein Kind. Und dieses reagiert eben wie ein Kind, wenn es sich übergangen und nicht genug beachtet fühlt.

Den Außendienstmitarbeitern ging es nur vordergründig um neue Firmenwagen. Der tatsächliche Grund für ihre Unzufriedenheit war eindeutig die mangelnde Beachtung durch die Konzernleitung. Die Außendienstmitarbeiter versuchten nur, dieses Defizit auf der materiellen Ebene (größere Firmenwagen) auszugleichen. So wurde ein Beziehungskonflikt vordergründig als Sachkonflikt verstanden und war dadurch unlösbar geworden.

Aufgaben der Führung

Nun ist es sicherlich nicht die Aufgabe von Betrieben, sämtliche Bedürfnisse ihrer Mitarbeiter abzudecken, was auch gar nicht möglich ist. Allerdings steht auch fest, daß Mitarbeiter ihre Privatsorgen nicht beim Pförtner abgeben, sondern mit in den Betrieb hineinnehmen.

Eine gute Führung muß daher die Bedürfnisbefriedigung ihrer Mitarbeiter in realistischer Weise in Aussicht stellen können. Die Aufgabe einer guten Führungskraft besteht darin, Bedürfnisse und Konflikte zu erkennen und sich mit all den ihr zur Verfügung stehenden Mitteln um eine Lösung zu bemühen. Sie muß auch Hilfe zur Selbsthilfe geben können, das heißt, sie muß Voraussetzungen schaffen, damit der Mitarbeiter aus eigener Kraft wieder an die Lösung seiner Probleme gehen kann. Dazu gehören vor allem Freiräume und Handlungsspielräume für den Mitarbeiter, die er zur eigenen Bedürfnisbefriedigung kreativ nutzen kann.

Außerdem muß ein Gruppenklima geschaffen werden – möglichst in kleinen, überschaubaren Arbeitsgruppen – , das informelle Kontakte der Mitglieder untereinander ermöglicht. Ja, es müssen sogar Strukturen geschaffen werden, die den Widerspruch von Arbeit und Freizeit auflösen.

Dies alles setzt sowohl eine intensive Kommunikation zwischen Führung und Mitarbeitern als auch gegenseitiges Vertrauen voraus. In japanischen Großunternehmen hat man dies frühzeitig erkannt. Dort beziehen die Mitarbeiter einen Großteil ihrer psychologischen Energien aus der Tatsache, daß ein Bedürfnisaustausch in kleinen, überschaubaren Arbeitsgruppen nach Feierabend stattfinden kann. Wichtig ist dabei auch die Rolle der Vorgesetzten: Sie sind in solchen ,,Feierabendzirkeln'' geduldige und aktive Zuhörer, wenn es um die betrieblichen und privaten Probleme ihrer Mitarbeiter geht.

Psychologische Spiele

Werden Bedürfnisse nicht erkannt und wird nicht offen darüber gesprochen, so führt dies in vielen Fällen zu verdeckten und überkreuzten Transaktionen.

Bedürfnis nach psychologischer Zuwendung

Ein Bibelwort lautet: Der Mensch lebt nicht vom Brot allein. Es ist eine vielbewiesene Tatsache, daß der Mensch auch an Mangel an psychologischer Zuwendung zugrunde gehen kann.

Die Forschungsarbeiten des Kinderpsychologen Rene Spitz dokumentieren dies in dramatischer Weise: Heimkinder, denen zwar die notwendige körperliche Pflege zuteil wurde, jedoch keine – oder zuwenig – psychologische Zuwendung, entwickelten das sogenannte Hospitalismus-Syndrom, das heißt, sie kapselten sich mehr und mehr von ihrer Umwelt ab, neigten zur Selbstverstümmelung, und viele von ihnen starben frühzeitig an relativ harmlosen Krankheiten. Wie man aus anderen Untersuchungen weiß, führt völliger Reizentzug selbst bei gesunden Erwachsenen auf die Dauer zu verheerenden psychischen und physischen Konsequenzen.

Der Mensch ist also auf Zuwendung und Stimulation angewiesen und ständig auf der Suche danach. Es handelt sich geradezu um ein Grundbedürfnis im Sinne Maslows.

Wie wichtig solche ganz alltäglichen Streicheleinheiten (engl.: strokes) sind, weiß man oft erst, wenn sie einem fehlen. Wenn zum Beispiel der Nachbar nicht mehr grüßt. Wenn der Vorgesetzte ein erwartetes Lob nicht ausspricht. Wenn ein Vertreter unfreundlich behandelt wird und erst einmal eine halbe Stunde warten muß, bis er empfangen wird. Das Fehlen von ,,strokes'' wirkt sich äußerst negativ auf das Selbstwertgefühl aus.

Wie wir die Zeit strukturieren

Eric Berne hat in scharfsinniger Weise erkannt, daß Menschen in ganz unterschiedlicher Weise ihre Zeit zur Erlangung von

„strokes" und Bedürfnisbefriedigung strukturieren. Nach Berne gibt es sechs Möglichkeiten, die Zeit zu strukturieren, und jede dieser Möglichkeiten enthält in unterschiedlichem Maß die Chance, zu emotionalem Gewinn (,,strokes", Bedürfnisbefriedigung) zu kommen.

Zeitstruktur: **emotionaler Gewinn:**

Rückzug

Ritual

Aktivität

Zeitvertreib

Spiele

Intimität

Rückzug: Manche Menschen ziehen es vor, allein zu sein. Der Nutzen des Alleinseins kann darin bestehen, negative Reize (Verletzungen, Abwertungen) zu vermeiden. Die Möglichkeit, durch Rückzug zu sozialen Kontakten und positiven ,,strokes" zu kommen, ist jedoch relativ gering.

Rituale: Das sind zum Beispiel ,,small-talk", Fragen nach der Familie oder ein Gespräch übers Wetter. Sie sind zwar in der Regel von kurzer Dauer, enthalten aber durchaus einige Möglichkeiten, zu Kontakt und ,,strokes" zu kommen.

Aktivität/Zeitvertreib: Chancen, ,,höherwertige" Bedürfnisse nach Kontakt und Anerkennung zu befriedigen, stellen gemeinsame Aktivitäten und Zeitvertreibe (Kartenspiel, Tennis, Wandern und dergleichen) dar.

Spiele: Viele Menschen verbringen viel Zeit mit psychologischen Spielen. ,,Spieler" sind Menschen, die in ihren Transaktionen vor allem ihre Bedürfnisdefizite ausgleichen wollen, ohne offen darüber zu reden.

Intimität: Die höchste Form menschlicher Bedürfnisbefriedigung ist nach Berne die psychische und körperliche Intimität (sich gut verstehen, gute Gespräche führen, sich angstfrei öffnen können, sich körperlich nah sein).

Nutzen und Gefahren des „Spiels"

Spiele sind normal und wichtig, da sie einen notwendigen Übergang zur Intimität darstellen. Man fällt ja nicht gleich mit der Tür ins Haus. Man spricht ja nicht sogleich von seinen innersten Absichten, Motiven und Bedürfnissen. Erst nachdem man sich „abgetastet" hat – dazu dient die Spielphase –, ist man bereit, sich dem anderen zu öffnen.

Destruktiv und gefährlich werden Spiele allerdings, wenn sie gespielt werden, um

– die Wirklichkeit zu verdrängen
– Auseinandersetzungen aus dem Weg zu gehen
– das eigene SWG auf Kosten von anderen aufzuwerten
– Intimität zu vermeiden

Eric Berne definiert ein psychologisches Spiel als „eine periodisch wiederkehrende Folge sich häufig wiederholender Transaktionen, äußerlich scheinbar plausibel, dabei aber von verborgenen Motiven beherrscht. Umgangssprachlich kann man es auch bezeichnen als eine Folge von Einzelaktionen, die mit einer Falle beziehungsweise einem trügerischen Trick verbunden sind."

Es müssen drei Elemente vorhanden sein, damit man eine Kette von Transaktionen als Spiel bezeichnen kann:

1. Eine Folge von äußeren Transaktionen, die – auf einer gesellschaftlichen Ebene – zunächst plausibel sind.

2. Verdeckte Transaktionen, welche die verdeckten Mitteilungen (sprich: unausgesprochene Motive, Bedürfnisse, Erwartungen) des Spiels transportieren sollen.

3. Ein vom Spieler erwarteter Nutzeffekt (zum Beispiel Aufmerksamkeit, „strokes", Mitleid, Anerkennung), der den Zweck des Spiels darstellt.

Psychologische Spiele in Betrieben

Berne hat im Laufe seiner Analytiker-Tätigkeit eine ganze Sammlung psychologischer Spiele zusammengestellt. Hier eine kleine Auswahl der „beliebtesten" Spiele:

„Da siehst du, was du wieder angerichtet hast"

Regeln: Der Spieler wartet geduldig, bis der Mitspieler einen Fehler macht, um ihn dann als den unzuverlässigen Bösewicht anzuprangern.

Beispiel: Ein Vorgesetzter überträgt einem Mitarbeiter eine schwer zu bewältigende Aufgabe, für die nur wenig Zeit bleibt. Der Mitarbeiter scheitert erwartungsgemäß. Der Vorgesetzte fühlt sich in seinem Vorurteil gegenüber dem Mitarbeiter bestätigt.

Nutzen: Aufwertung des eigenen SWG – Abwertung des SWG des Mitspielers.

„Holzbein"

Regeln: Der Spieler versucht, sein „Holzbein" so gut zu verbergen, damit es möglichst jeder in Frage kommende Mitspieler sieht.

Beispiel: Ein Mitarbeiter erscheint häufig zu spät im Betrieb und dann noch mit einer Alkoholfahne. Darauf angesprochen, gibt er vor, alles sei in bester Ordnung. Dasselbe wiederholt sich in immer geringer werdenden Zeitabständen.

Nutzen: Aufmerksamkeit, Mitleid, Verdrängung der Realität.

„Samariter/Krankenschwester"

Regeln: Der „Samariter/Krankenschwester"-Spieler hält unentwegt Ausschau nach dem „Holzbein", um es – vielleicht für immer – „pflegen" zu können.

Beispiel: Die Sekretärin des Betriebs, die selbst unter ihrem autoritären Chef leidet, kümmert sich verstärkt um einen Kollegen mit „Holzbein".

Nutzen: Anerkennung, Aufwertung des eigenen SWG.

„Jetzt hab ich dich endlich, du Schweinehund"

Regeln: Ähnlich wie beim „Da siehst du, was du wieder angerichtet hast"-Spiel, versucht der Spieler, seinen Mitspieler geschickt zu bestimmten Normverletzungen zu animieren, um ihn zum Bösewicht abstempeln zu können.

Beispiel: Ein Vorgesetzter möchte einen ihm unliebsamen Mitarbeiter loswerden. Er setzt ihn als Schachfigur in einer Intrige ein und läßt ihn dann als „Bauernopfer" fallen.

Nutzen: Einen „Sündenbock" finden – und dabei selbst eine „weiße Weste" behalten.

Das Drama-Dreieck

Psychologische Spiele werden also gespielt, um einen Nutzeffekt zu erzielen und um unausgesprochene Bedürfnisse zu befriedigen beziehungsweise das eigene „Minus-Konto" auszugleichen. Solche Spiele kommen immer dadurch zustande und dauern mitunter darum sehr lange, weil der Spieler in der Regel seinen Mitspieler findet, dessen Bedürfnisprofil dem eigenen entspricht wie das Positiv dem Negativ. Tatsächlich wechseln Spieler und Mitspieler über kurz oder lang immer ihre Rollen als „Verfolger", „Opfer" und „Retter", da irgendwann jeder für den anderen diese oder jene Funktion übernimmt.

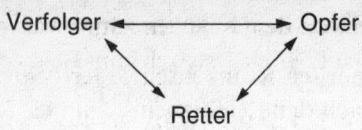

So heiratet beispielsweise eine Frau trotz Warnung einen Alkoholiker, um ihn zu „bekehren". Sie hat – unbewußt – ihr „Opfer" gefunden, das sie nun „retten" kann. Derjenige, der das
Spiel anbahnt, also die Initiative ergreift (das kann auch das
spätere „Opfer" sein), befindet sich zunächst in der Rolle des
„Verfolgers". Haben sich zwei Spieler erst einmal gefunden,
beginnen sie im Drama-Dreieck zu rotieren. Jeder ist dann für
den anderen „Opfer", „Retter" und „Verfolger" zugleich. Keiner ist mehr in der Lage, sich aus der scheinbar schicksalhaften
Verstrickung zu befreien. Eine Befreiung würde ja Offenheit,
schmerzliche Selbsterkenntnis und weitere Konsequenzen erfor-
dern, wovor der Spieler ja im Grunde flüchtet.

Ein anderes Beispiel: Ein Projektleiter sucht sich für eine besonders schwierige Aufgabe, die aber durchaus in seinem Kom-
petenzbereich liegt, heimlich die Hilfe eines fremden Spezia-
listen. Er befindet sich somit in der Rolle des „Opfers" und „Verfolgers" zugleich. Der fremde Spezialist erscheint ihm als „Retter". Dieser kann sehr leicht zum „Verfolger" werden, wenn
er seine Machtposition dem Projektleiter gegenüber ausnutzen
sollte. Dieses Spiel kann für den Projektleiter gut ausgehen, wenn
alles nach Plan verläuft. Allerdings besteht die Gefahr, daß er
bei nächster Gelegenheit wieder zum Spieler wird.

Der Minus-Spieler

Wie kommt es, daß viele destruktive Spiele, in denen überwiegend negative „strokes" (Abwertungen, Verletzungen des SWG)
ausgetauscht werden, so lange andauern können? Die Antwort
scheint zunächst paradox: Negative „strokes" sind besser als
gar keine. Wenn wir uns das Bedürfnisdiagramm anschauen und
sehen, daß es für jedes Bedürfnis einen Plus- und einen Minus-
Bereich (befriedigter/unbefriedigter Teil) gibt, so wird verständ-

lich, daß man nur von dem abgeben kann, was man auf der Habenseite besitzt. Ist aber ein Mensch zum Beispiel in puncto Anerkennung (SWG) derart im Minus-Bereich, und sieht er überhaupt keine Möglichkeit, da wieder herauszukommen, so wird er vielleicht dazu tendieren, in diesem Bereich weiterhin Schulden zu machen. Daß man auch von Schulden leben kann, beweist der Lebensweg vieler ,,großer'' Spieler.

Vielleicht kennen Sie Menschen, die keinerlei Lob und Anerkennung akzeptieren können. Nach Berne versuchen solche Menschen, indem sie wie ein Magnet immer wieder negative ,,strokes'' auf sich ziehen, ihr negatives Selbstbild – das ihnen andere freilich zuvor vermittelt haben – zu bestätigen. Ein Mensch ist ohne Identität nicht lebens- und handlungsfähig. Darum besser eine negative Identität als gar keine. Zu ihnen gehören die ,,Schlag mich''-Spieler. Sie sammeln unentwegt negative Rabattmarken (Negativ-Gefühle), und selten kommt es vor, daß sie sie auszahlen, lieber sammeln sie noch mehr.

Wie viele psychologische Untersuchungen zeigen, ist dieser Spieler-Typ verbreiteter, als man denkt. Fast jeder von uns trägt gewisse Züge von ihm. Gemeint sind Menschen, die lange Zeit negative Gefühle in sich hineinfressen, bis sie irgendwann aus nichtigem Anlaß förmlich platzen. Vorher zeigen sie aber, für andere oft nicht erkennbar, die verschiedensten Formen versteckter Aggressionen und Konflikte: Überfreundlichkeit, Vergeßlichkeit, Nachlässigkeit bis hin zu selbstzerstörerischen Verhaltensweisen wie gesteigerter Alkohol-, Medikamenten- und Nikotinkonsum oder Flucht in die Krankheit.

Es gibt aber auch jenen Typ des Vorgesetzten, der keine positiven ,,strokes'' an seine Mitarbeiter weitergeben kann. Er ist mürrisch, kritisiert viel, wertet gute Leistungen ab und so weiter. Auch er leidet unter einem emotionalen Defizit. Und trotzdem ist es nicht ausgeschlossen, daß solche Menschen selbst in ihrer Kritik noch ein verstecktes Lob anbringen. Mitmenschen spüren so etwas. ,,Der Alte hat wieder mal ein Donnerwetter losgelassen.'' Das kann im internen Sprachgebrauch auch bedeuten: Er hat sich um mich gekümmert, welch eine Ehre!

Es muß immer wieder betont werden, daß diese Prozesse den Betroffenen meist gar nicht bewußt sind. Um so mehr ist es die Aufgabe einer guten Führungskraft oder der Kollegen, derartige Symptome beim betroffenen Mitarbeiter frühzeitig zu erkennen und ihm die Möglichkeit zu geben, über seine Probleme in einer menschlich verständnisvollen Atmosphäre zu sprechen.

Eltern- und Kindrollenspieler

Spieler finden häufig Mitspieler, mit denen sie eine Symbiose eingehen können. Symbiosen funktionieren besonders gut unter Ausschluß des rationalen Erwachsenen-Ich. Typischerweise verlaufen die offenen Transaktionen über Eltern-Ich und Kind-Ich.

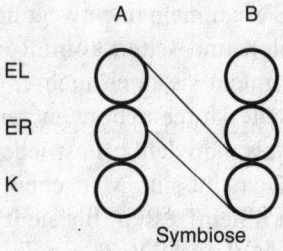

Symbiose

Nach außen hin stellt sich der EL-Spieler als die starke und dominante Persönlichkeit dar, während der K-Spieler den hilflosen Part übernimmt. Das drückt sich dementsprechend in ihren Transaktionen aus. Was veranlaßt beide, diese Rollen zu spielen?

Typischerweise ist es beim K-Spieler der Mangel an Geborgenheit, weshalb er sich zum EL-Spieler hingezogen fühlt. Der EL-Spieler hingegen findet in der schwachen Persönlichkeit des K-Spielers eine Möglichkeit, um seinen Mangel an SWG und Anerkennung ausgleichen zu können.

Möglichkeiten des konstruktiven Umgangs
mit psychologischen Spielen

Wir alle sind Spieler. Wie wir gesehen haben, stellen Spiele ja einen notwendigen Übergang zur Intimität (Offenheit, Vertrautheit), also zur höchsten Form der menschlichen Bedürfnisbefriedigung, dar. Viele alltägliche Spiele, zum Beispiel Flirts, Neckereien, vielleicht auch das ,,Aufziehen'' eines Kollegen im Betrieb, sind harmlos, solange sie im Einverständnis aller gespielt werden. Sie stellen sogar wichtige Ventile für angestaute Gefühle dar und dienen daher dem notwendigen Bedürfnisaustausch. Konstruktive Spiele haben zumeist auch positive Konsequenzen: Heiterkeit, Selbstironie, Distanzierung zu den Problemen des Alltags. Destruktive Spiele sind demgegenüber dadurch gekennzeichnet:

– daß sie den Betreffenden meist nicht bewußt sind
– daß bei ihnen eine Auszahlung negativer Gefühle stattfindet
– daß sie darauf ausgerichtet sind, das eigene oder das SWG
  des Mitspielers zu unterhöhlen

Welche Möglichkeiten gibt es, aus solchen destruktiven Spielen ,,auszusteigen'' beziehungsweise konstruktiv mit ihnen umzugehen?

1. Konsequenter Einsatz des Erwachsenen-Ich

Spiele verlaufen typischerweise unter Ausschluß des Erwachsenen-Ich, etwa indem ein Spieler sein ,,Opfer'' findet, dessen angepaßtes Kind-Ich er unter Beschlag nimmt, und selbst die Elternrolle übernimmt. Oder umgekehrt, indem sich ein Spieler als ,,Opfer'' darbietet und die Kindrolle spielt.

Eine Möglichkeit, einen Ausstieg aus einem Spiel zu finden, besteht darin, den Spieler konsequent in seinem Erwachsenen-Ich zu stimulieren und selbst natürlich auf Spielaufforderungen aus dem ER zu reagieren. Doch Vorsicht! Der Spieler wird sich dadurch zunächst verunsichert fühlen, wie jemand, dem man den Boden unter den Füßen wegzieht. Panikartige und aggressive Reaktionen sind bei ihm daher nicht selten die Folge. Hierzu ein Beispiel: In einem mittelgroßen Unternehmen ergibt sich folgendes Gespräch zwischen einem Vorgesetzten und seinem Mitarbeiter.

V: „Ist der Produktionsbericht fertig, Herr Meier?"

M: „Hier ist er."

V: (blättert im Bericht) „Der Abschnitt über die Produktionskosten fehlt."

M: „Sie haben die Seite 7 überschlagen. Dort beginnt er."

V: (blättert weiter) „Sind die Zahlen alle korrekt? Darauf kommt's nämlich an."

M: „Ich habe alles überprüft. Kein Irrtum möglich."

V: (legt den Bericht aus der Hand) „Und warum bekomme ich den Bericht erst heute? Muß man denn jedem hinterherlaufen?!"

M: „Der Termin ist erst nächste Woche. So war es abgesprochen."

V: „Mir ist jeder Bericht sofort nach Fertigstellung vorzulegen. Merken Sie sich das!"

M: „Ich habe korrekte Arbeit geleistet und muß mir Ihre Vorwürfe nicht gefallen lassen!"

V: „In welchem Ton reden Sie mit mir?!"

Was halten Sie von diesem Dialog? Schwieriger Vorgesetzter, werden Sie vielleicht sagen. In der Tat. Er scheint es „auf Teufel komm raus" auf den Mitarbeiter abgesehen zu haben. Wie verhält sich der Mitarbeiter? Korrekt, vielleicht zu korrekt. Er kontert seinem Vorgesetzten konsequent aus dem Erwachsenen-Ich. Und gerade dies scheint den Vorgesetzten „auf die Palme zu bringen".

Dieses Beispiel zeigt, daß der kühle und rationale Einsatz des

Erwachsenen-Ich in manchen Fällen auch als versteckte Aggression aufzufassen ist (nach dem Motto: Du kriegst mich nicht, eher bring' ich Dich zur Weißglut).

Mit anderen Worten: Der Einsatz des Erwachsenen-Ich, ohne gleichzeitige Wertschätzung des Gesprächspartners und ohne daß man eigene Gefühle zum Ausdruck bringt, reicht nicht aus, um den Spieler von seiner (unbewußten) Absicht abzubringen.

Halten wir also als Grundregel fest: Um gemeinsam mit dem anderen Spieler einen Ausstieg aus einem destruktiven Spiel vorzubereiten, muß neben dem Erwachsenen-Ich des anderen auch sein Kind-Ich, das ja aus irgendeinem Grunde verletzt worden ist, positiv stimuliert werden. Herrscht als Grundeinstellung vor: ,,Das ist Dein Problem", wird man einen Spieler nicht ,,bekehren" können. Nur die Einstellung ,,Was ist Dein Problem? Was können wir beide dazu beitragen, um es zu lösen?" bietet die echte Chance, einem Spieler zu helfen, von seiner Spielleidenschaft endlich loszukommen.

2. Die verdeckten Anspielungen des Spielers ansprechen

Wie Berne sagt, legt der Spieler auf einer verdeckten Ebene einen Köder aus, nach dem der Mitspieler schnappen soll. Zum Beispiel die Aussage: ,,Ich weiß, ich baue immer nur Mist."

Wie wir gesehen haben, erwartet der Minus-Spieler eine Bestätigung seines negativen Selbstbildes. Diesen ,,Gefallen" sollte man ihm aber um seiner selbst willen nicht tun.

Eine mögliche Reaktion auf die Selbstbezichtigung wäre, eben diese versteckte Seite der Nachricht einmal offenzulegen.

Antwort: ,,Ich weiß, Herr Bauer, daß Sie sich gerne herunterputzen. Ich sehe aber keinen Grund, mich Ihrer Meinung über Sie selbst anzuschließen. Ihre Leistungen sind keineswegs so schlecht, wie Sie denken. Und ich bin sicher, sie würden noch besser werden, wenn Sie in Zukunft etwas positiver über sich selbst dächten."

3. Hilfsangebote machen

Spieler haben oft ein unterentwickeltes Erwachsenen-Ich und verfügen somit über wenig realistische Strategien und alternative Verhaltensweisen, um zu positiven „strokes" und zu einem gesunden SWG zu kommen. Daraus resultiert schließlich ihr Dilemma und ihr Zwang zu spielen. Will man den Spieler aus dieser Zwangslage befreien, so muß man ihm Möglichkeiten und Wege aufzeigen, wie er auch ohne (selbst-)destruktive Spiele zu positiver Zuwendung und Wertschätzung gelangen kann. Im beruflichen Alltag könnte dies konkret bedeuten:

– mit ihm gemeinsam realistische Ziele zu formulieren
– Vertrauen in ihn zu setzen
– ihm mögliche Wege der Zielerreichung aufzuzeigen

Herr Lenk war Alkoholiker. Alle im Betrieb wußten es, obwohl sich Herr Lenk alle Mühe gab, seine Sucht zu verbergen. Eines Tages nahm ihn sein Meister bei der Hand und führte ein langes Gespräch mit ihm. Man einigte sich darauf, Herrn Lenk eine Chance zu geben. Er wurde mit einer besonderen Aufgabe betraut, die eine echte Herausforderung für ihn darstellte. Diese Aufgabe wurde in allen Einzelheiten durchgesprochen. Der Meister sagte ihm darüber hinaus seine volle Unterstützung zu.

Dieses Angebot kam für Herrn Lenk vollkommen unerwartet. Er fühlte sich von einem ungeheuren inneren Druck, der wie ein Mahlstein auf ihm lastete, befreit. Er stellte fest, daß man ihm, der jegliches Selbstvertrauen verloren hatte, vertraute. Dieses Vertrauen wollte er um keinen Preis enttäuschen. Die Aufgabe, die man ihm stellte, war realistisch. Kurz und gut: Heute hat es Herr Lenk geschafft. Mit Hilfe einer Therapie ist er vom Alkohol losgekommen. Die Arbeit macht ihm Spaß. Mit seinem Meister und seinen Arbeitskollegen verbindet ihn ein ausgezeichnetes Verhältnis.

4. Verträge schließen

Mitunter ist es wichtig, mit einem Spieler einen Verhaltensvertrag zu schließen. Ein „Vertragsabschluß" ist aber erst dann möglich, wenn man sich vorher über das problematische und das erwünschte Verhalten einig geworden ist.

Herr Hansen gehörte zu der Sorte Minus- beziehungsweise „Schlag-mich"-Spieler, die durch ständiges Zuspätkommen negative „strokes" seiner Vorgesetzten auf sich ziehen.

Statt ihm wie sonst Vorhaltungen zu machen, hat sein Vorgesetzter eines Tages das „Katz-und-Maus"-Spiel dadurch beendet, daß er sich die Zeit nahm, sich mit Herrn Hansen einmal eingehender zu unterhalten. Bei dieser Unterhaltung kam zum Vorschein, daß sich Herr Hansen im Betrieb kaum beachtet fühlte, was letztlich der Grund war, weshalb er auf eine etwas ungewöhnliche Art und Weise, eben durch das Zuspätkommen, die Aufmerksamkeit seiner Kollegen und Vorgesetzten erregte. Man einigte sich darauf, daß Herr Hansen in Zukunft rechtzeitig am Arbeitsplatz erscheinen und daß man öfter ein solches Gespräch, das für beide Seiten sehr zufriedenstellend war, wiederholen würde.

Hinweis für Vorgesetzte:

Manchmal werden von Führungskräften Spiele bewußt gespielt, um gewisse Vorteile zu erlangen. In diesem Fall würde man von Intrigen sprechen. Werden Intrigen bekannt, so ist das ein denkbar schlechtes Beispiel für die Belegschaft, und es vergiftet das Betriebsklima. Man darf sich dann nicht wundern, wenn diese Art von Spielen auf allen anderen Ebenen gespielt wird.

Wichtige Voraussetzungen, um psychologischen Spielen vorzubeugen, sind:

- Führungskräfte müssen in der Lage sein, Bedürfnisse, Probleme und Spannungen bei ihren Mitarbeitern zu erkennen und angemessen darauf zu reagieren.

- Die Kommunikation zwischen Vorgesetzten und Mitarbeitern sollte von Offenheit und der Fähigkeit zuzuhören geprägt sein.

Test

1. Welche der untenstehenden Definitionen des psychologischen Spiels trifft Ihrer Meinung nach am ehesten die Originaldefinition von Berne?

   a) Bei einem psychologischen Spiel handelt es sich um nicht-komplementäre Transaktionen, die den Gesprächspartner in die Irre führen sollen.

   b) Psychologische Spiele sind Transaktionen, die um eines Nutzens willen durchgeführt werden und denen verdeckte Motive zugrunde liegen.

   c) Bei einem psychologischen Spiel handelt es sich um Transaktionen, die nach außen hin als etwas anderes erscheinen, als sie in Wirklichkeit sind.

   d) Psychologische Spiele sind bewußte Täuschungen der Umwelt, um zu bestimmten Vorteilen zu gelangen.

2. Welche der untenstehenden Definitionen von ,,strokes'' ist Ihrer Meinung nach zutreffend?

   a) ,,Strokes'' bezeichnet das grundsätzliche Bedürfnis des Menschen nach körperlichen und psychischen Reizen.

   b) Unter ,,strokes'' versteht man den Nutzeffekt, den man aus psychologischen Spielen ziehen kann.

   c) Unter ,,strokes'' werden im transaktionsanalytischen Sprachgebrauch körperliche und psychische Zuwendungen verstanden (zum Beispiel jemanden herzlich grüßen, auf die Schulter klopfen, Anerkennung aussprechen).

   d) Unter ,,strokes'' werden Bedürfnisse ,,höherer'' Ordnung verstanden, zum Beispiel Anerkennung, Kontakt, Selbstverwirklichung.

Übungen:

1. Bedürfnis-Pyramide

Versuchen Sie anhand der Maslowschen Bedürfnis-Pyramide festzustellen, auf welcher Ebene derzeit Ihre größten und geringsten Bedürfnisdefizite vorzufinden sind.

Versuchen Sie herauszufinden, was Sie in den letzten 14 Tagen unternommen haben, um Ihre Bedürfnisdefizite auszugleichen, und wie
sich dies auf Ihre Transaktionen ausgewirkt hat.

2. Zeitstruktur

Versuchen Sie anhand der sechs Möglichkeiten, die Zeit zu strukturieren, herauszufinden, mit welcher der Möglichkeiten Sie in der
letzten Woche hauptsächlich Ihre Freizeit (nicht Arbeitszeit) verbracht
haben.

3. Psychologische Spiele

Überlegen Sie sich:

- Was habe ich als Kind getan, um bestimmte Wünsche erfüllt zu
  bekommen?

- Was tue ich heute? Welche Art von Transaktionen wende ich dabei an?

Checkliste:

Verhalten bei Konfliktstreß:

- Bauen Sie die Erregung möglichst körperlich ab.
- Überdenken Sie die Situation, in der Sie sich befinden, neu.
- Denken Sie positiv.
- Verschaffen Sie sich Rückkopplung.
- Beschaffen Sie sich Informationen über die Beweggründe der anderen Konfliktpartei.
- Entwerfen Sie alternative Handlungsstrategien.
- Stärken Sie Ihr SWG durch Zielerreichung.

Hinweis für Vorgesetzte:

- Greifen Sie niemals das SWG Ihrer Mitarbeiter an.
- Sprechen Sie mit Ihren Mitarbeitern über deren Konflikte.

Kommunikation in Konfliktsituationen:

- Kommunizieren Sie offen – bringen Sie Ihre Bedürfnisse zum Ausdruck.
- Vermeiden Sie in Konfliktsituationen den Einsatz des kritisierenden Eltern-Ich.
- Reagieren Sie aus dem Erwachsenen-Ich.
- Geben Sie Feedback – verschaffen Sie sich Feedback.
- Denken Sie positiv über sich selbst und andere.

Hinweis für Vorgesetzte:

- Greifen Sie die Bedürfnisse Ihrer Mitarbeiter auf.
- Sorgen Sie in Ihrem Bereich für bedürfnisorientierte Kommunikation (Bedürfnisaustausch).

Umgang mit ,,Psychologischen Spielen":

- Erkennen Sie Ihre eigenen ,,Psycho-Spiele".
- Begegnen Sie einem ,,Spieler" mit dem konsequenten Einsatz des Erwachsenen-Ich, bringen Sie aber auch Gefühle zum Ausdruck, und stimulieren Sie sein Kind-Ich.

Checkliste: (Fortsetzung)

- Sprechen Sie die verdeckten Absichten des „Spielers" konkret an.
- Machen Sie einem „Spieler" Hilfsangebote, und schließen Sie einen Verhaltens-Vertrag mit ihm.

Hinweis für Vorgesetzte:

- Vermeiden Sie selbst „Psycho-Spiele".
- Stärken Sie das Erwachsenen-Ich Ihrer Mitarbeiter.
- Geben Sie Zuwendung in Form von Aufmerksamkeit und Zuhören.

III. Aggressionen erkennen und bewältigen

„Geht es um *echte Probleme* wie das Aushandeln von Rechten, Rollen und Pflichten, um Aufteilung von Gewinnen, Ressourcen und Sexualpartnern, um Interessenkonflikte (zusammen vermeintlich 98 % aller Streits, tatsächlich 4 %), so sind beide Neocortices (Großhirnrinden, Anm. d. Verf.) gefordert (. . .) Sind aber *Emotionen* im Spiel wie die berühmten um des Kaisers Bart (. . .), so sind die jeweiligen limbischen Systeme gefordert, ein Streittraining ist angesagt. Es folgt z.T. dem Kommunikationstraining diametral entgegengesetzten Regeln."

Wolfgang Rost, „Emotionen – Elixiere des Lebens"

Vielleicht ist es Ihnen, lieber Leser, schon aufgefallen, daß in diesem Buch bisher mehr die Rede war von unterschwelligen Konflikten und ihren Auswirkungen auf die Verhaltens- und Kommunikationsstile der Beteiligten als von offenen. Würden wir es im Alltag mehr mit offenen Konflikten und Auseinandersetzungen zu tun haben, bei denen die Streitpunkte offen zutage liegen und bei denen jeder wüßte, woran er ist, bräuchte dieses Buch – zumindest große Teile davon – nicht geschrieben zu werden.

Worum es in diesem Kapitel geht

Auch Aggressionen treten meist nicht offen zutage. Konflikte, so könnte man sagen, sind getragen von unterschwelligen Aggressionen. In diesem Kapitel wollen wir uns mit dem Aggressionsproblem beschäftigen. Die Grundthesen seien hier kurz angedeutet:

– Aggression ist ein naturgegebener Überlebensmechanismus zur Sicherung materieller und psychologischer Bedürfnisse sowie zur Erreichung von Zielen.

– Aggressionen sind per se weder gut noch schlecht. Ihre Gefährlichkeit ergibt sich vor allem aus ihrer Verdrängung und Verschiebung.

– Aggressionen und andere Gefühle können nicht aus einer Konfliktbewältigung ausgeschlossen werden. Das heißt, es gibt keine ausschließlich rationale und emotionsfreie Konfliktlösung.

Was ist eine Aggression?

Das Wort Aggression leitet sich ursprünglich vom lateinischen „aggredi" ab und bedeutet soviel wie: an eine Sache herangehen, sich einer Sache physisch nähern, angreifen, etwas in Angriff nehmen.

Eine allgemein akzeptierte Definition des Begriffs Aggression existiert in den Verhaltenswissenschaften jedoch bis heute nicht. Bei dem Wort Aggression wird zunächst an ein schädigendes Verhalten gedacht. Nach einem sozialwissenschaftlichen Konsens besteht eine Aggression „ . . . in einem gegen einen Organismus oder einen Organismus-Ersatz gerichteten Austeilen schädigender Reize" (Selg, H.: Menschliche Aggressivität, Toronto/Zürich 1975, S. 15).

Hierbei ergeben sich aber gewisse definitorische Unschärfen. Kann zum Beispiel das Wegwerfen einer Bananenschale, auf der ein anderer ausrutscht, als Aggression bezeichnet werden? Es muß also noch eine Absicht zur Schädigung hinzukommen.

Andererseits haben wir gesehen, daß es auch so etwas wie eine unbewußte Schädigungsabsicht geben kann. Auch Verhaltensweisen wie jemanden „links liegen lassen", sich zurückziehen, übermäßige Rücksichtnahme, die beim anderen ein schlechtes Gewissen auslösen soll, lassen sich daher unter Umständen durchaus der Aggression zurechnen. Dies muß aber von Fall zu Fall geklärt werden.

Demgegenüber bezeichnet Konrad Lorenz, ein Vertreter der triebtheoretischen Richtung, Aggression als „einen auf den Artgenossen gerichteten Kampftrieb von Tier und Mensch" (K. Lorenz).

Gleichzeitig weisen Lorenz und andere Verhaltensforscher darauf hin, daß sich bei Tieren aggressives Verhalten in der Regel auf Drohen und Imponieren beschränkt. Aggression muß also nicht unbedingt eine physische Schädigung beinhalten. Jedoch, und dies scheint auch beim Droh- und Dominanzverhalten der Fall zu sein: Der Artgenosse soll – direkt oder indirekt – in seiner Handlungsfreiheit eingeschränkt, er soll in seiner biologischen Dynamik zumindest in bestimmten Situationen beeinträchtigt werden.

Zugleich macht die Beobachtung des Tierverhaltens die Funktion der Aggression klar: Sie besteht zuallererst in der Sicherung der eigenen Unversehrtheit und der eigenen Lebensgrundlagen (Nahrung, Territorium, Fortpflanzung) und nicht in der Vernichtung des Artgenossen.

Besinnt man sich auf den etymologischen Ursprung des Wortes, so könnte man Aggression (im Sinn von ,,etwas in Angriff nehmen") auch als Grundenergie für Selbstbehauptung und Zielerreichung bezeichnen. Diese äußert sich erst aufgrund von bestimmten Bedingungen (zum Beispiel Zielblockierung, vorausgegangene Lernerfahrungen, Selbstschutz, situative Bedingungen) in verletzender oder physisch schädigender Form.

Worin unterscheiden sich Konflikt und Aggression?

Wir sprechen von einem Konflikt bei gegensätzlichen Handlungsplänen, Bewertungen, Beurteilungen oder Rollenerwartungen. Hinzu kommen gegenseitige Abhängigkeit und persönliche Betroffenheit. Wie Rüttinger (Konflikt und Konflikt lösen, München 1977) schreibt, fehlen der Aggression mitunter die Merkmale eines sozialen Konflikts:

– Gegensätzliche Handlungspläne müssen von den Kontrahenten nicht verwirklicht werden. Wenn z.B. eine Gruppe eines ihrer Mitglieder wegen eines Unfalls verspottet, so handelt es sich um eine Aggression, nicht aber um die Durchsetzung unvereinbarer Handlungspläne.

- Der Angreifer und der Angegriffene müssen nicht voneinander abhängen. Ein Busfahrer etwa, der an einer Haltestelle nicht hält, wird in diesem Fall von den wartenden Fahrgästen nicht an seiner Zielerreichung behindert.
- Beim sozialen Konflikt können die Parteien auch durch nichtaggressives kooperatives Vorgehen ihren Konflikt beilegen, wie z.B. durch eine sachliche Problemlösung.

Trotzdem gibt es natürlich auch Verbindungslinien zwischen Konflikt und Aggression: So können Konflikte mit Hilfe von Aggressionen ausgetragen werden. Oder umgekehrt: Aggressionen können soziale Konflikte bedingen. Auch kann die Art der Konfliktlösung zu späteren Aggressionen führen. Fühlt sich beispielsweise jemand durch die Art und Weise der Konfliktlösung übervorteilt, oder gibt jemand zu früh nach, so kann dies im nachhinein beim Betreffenden Aggressionen verursachen.

Theoriemodelle der Aggression

Der Patient sitzt entspannt in einem gepolsterten Lehnstuhl und scherzt mit dem Versuchsleiter. Der Raum ist vollgestopft mit Apparaturen. Kabelwirrwarr, wohin man schaut. Auf den ersten Blick fallen die dünnen Drähte gar nicht auf, die aus kahlgeschorenen Stellen des Hinterkopfes des Patienten heraustreten, sich am Boden mit dem restlichen Kabelsalat vermischen und zu irgendeinem der Apparate führen.

Auf einen Knopfdruck des Versuchsleiters hin verändert sich das Verhalten des Patienten schlagartig: Seine Pupillen verkleinern sich auf Stecknadelgröße; die Mundwinkel beginnen merkwürdig zu zucken, und seine Fäuste ballen sich zusammen.

Der Versuchsleiter beginnt Fragen zu stellen: ,,Haben Sie Schmerzen?"

Patient: ,,Nein."

Versuchsleiter: ,,Was fühlen Sie jetzt?"

Patient: „Ich habe das Gefühl, jemanden angreifen zu müssen. Am liebsten würde ich jetzt Sie und Ihre ganzen Apparate da zertrümmern."

Versuchsleiter: „Was hindert Sie daran?"

Patient: „Es ist . . . weil ich Sie mag. Es ist schrecklich, ich mag Sie, und gleichzeitig möchte ich auf Sie einschlagen."

Szenenwechsel: Eine Stierkampf-Arena irgendwo in Spanien. Der Stier nimmt schnaubend Anlauf und stürmt auf den Torero zu. Plötzlich, wenige Meter vor seinem Angriffsziel, bremst er ab und trottet, als wäre nichts geschehen, an dem Torero vorbei. Was der Zuschauer aus der Distanz nicht bemerkt, ist, daß der Torero statt eines roten Tuchs einen kleinen Sender in der Hand hält und daß aus der hinteren Schädeldecke des Stiers eine winzige Drahtantenne herausragt.

Der Mann mit dem Sender ist natürlich kein richtiger Torero, sondern der spanische Aggressionsforscher Jose Delgado. Der Stier allerdings ist echt.

Dies sind keine Science-Fiction-Szenen aus einer Filmproduktion, sondern Experimente, die tatsächlich so durchgeführt wurden.

Gibt es sie denn nun wirklich, die Aggression auf Knopfdruck? Ja, so erschreckend es auch klingen mag. Denn sowohl bei Säugetieren als auch beim Menschen gibt es neurale Aggressionszentren in Teilen des Reptilischen und des Säugetier-Hirns.

Was veranlaßt nun diese Aggressionszentren, aktiv zu werden? Ist es ein innerer Trieb, der sich unabhängig von äußeren Reizen und losgelöst vom Willen aufstaut und nach Entladung drängt? So sehen es jedenfalls die Psychoanalytiker der Freudschen Schule und der Verhaltensforscher Konrad Lorenz in seinem Buch „Das sogenannte Böse". Oder werden die inneren Aggressionspotentiale erst aufgrund äußerer Reize, beispielsweise bei Bedrohungen und Frustrationen, aktiv, wie es die Frustrations-Theorie besagt? Welche Rolle spielen Lernen und Erfahrung für die Auslösung aggressiver Gefühle und Verhaltensweisen?

Im folgenden wollen wir einige Aggressions-Theorien näher betrachten.

Das triebdynamische Aggressions-Modell von Konrad Lorenz

Nach Lorenz ist die Aggression ein angeborener Trieb wie Nahrungs- und Sexualtrieb auch. Und wie diese beiden, so würde auch der Aggressionstrieb – falls er nicht befriedigt wird – innerlich ständig anwachsen. Die Folge davon sei ein Triebstau und schließlich das sogenannte Appetenz-Verhalten (lateinisch: appetere = sich einer Sache nähern, etwas aufsuchen). Das heißt, das Tier oder der Mensch sucht – zunächst unbewußt – nach Auslösern (Feinde, ,,Sündenböcke''), um seinen Trieb abreagieren zu können. So suche zum Beispiel der Chef bei seiner Sekretärin, die frustrierte Ehefrau bei ihrem Mann nach einem Vorwand, um den aufgestauten Aggressionen Luft zu machen.

Die steigende Triebspannung bewirke auch, daß selbst neutrale äußere Reize (die Fliege an der Wand) eine Aggression auslösen können. Wird der Trieb abreagiert, so entleere sich auch das Triebreservoir wieder. Falls nicht, so breche er sich selbst Bahn in Form einer sogenannten Leerlaufhandlung.

Diese Sichtweise hat Lorenz viel Kritik eingebracht. Man warf ihm vor, ein ,,Dampfkessel''-Modell der Aggression entworfen zu haben, welches jede Form der Gewalt, auch Kriege und Totschlag, entschuldige und zudem soziale Ursachen außer acht lasse. Außerdem bleibe er den wissenschaftlichen Beweis für einen Aggressionstrieb schuldig.

Gibt es Beweise für einen angeborenen Aggressionstrieb?

Fest steht, so behaupten viele Biologen, daß der Kampf um bessere Lebensbedingungen (Nahrung, Territorium, Sexualpartner, Rangordnung) bei Tieren eine ständige Bereitschaft zur Aggression wahrscheinlich macht. Damit ist aber noch nicht geklärt, ob es sich bei der Aggression um einen ,,echten'' Trieb handelt.

Ein sich ständig aufladender Aggressionstrieb würde biologisch auch keinen Sinn machen. Denn die Aggression müßte ja auch ständig wieder abgebaut werden. Die Gefahr der Selbstausrottung bei Tieren, die ja über relativ wenig kognitive Kontrollmöglichkeiten verfügen, wäre dementsprechend groß.

Ein spezielles Arbeitsgebiet der Biologie, die Verhaltensgenetik, beschäftigt sich mit den angeborenen und vererbten Teilen tierischen und menschlichen Verhaltens. Zur Beantwortung der Frage, ob es erbliche Unterschiede in der Aggressivität gibt, wurden Zuchtexperimente mit verschiedenen Tierarten durchgeführt. Ergebnis: Es ist tatsächlich möglich, aggressive Tierstämme, zum Beispiel Mäuse, zu züchten. Das weiß übrigens jeder Hundezüchter. Allerdings: Gab man ein genetisch aggressives Mäusejunges an eine friedliche Pflegemutter zur Aufzucht, so wurde es später in seiner Aggressivität wesentlich gedämpfter als seine übrigen Wurfgenossen. Auch beim Menschen sind genetische Unterschiede in der Aggressivität bekannt.

Besonders aufschlußreich zur Frage der instinktiven Grundlagen aggressiven Verhaltens sind elektrische Hirnreizungsexperimente mittels feiner Elektroden, die in die Schädeldecke eingeführt werden. Für die Auslösung aggressiver Stimmungen und Verhaltensweisen spielt der Hypothalamus, ein Bereich des Säugetier-Hirns, eine zentrale Rolle.

Der Verhaltensphysiologe Erich von Holst konnte zeigen, daß bei sehr hoher Reizintensität das Angriffsverhalten seiner Versuchstiere (er experimentierte hauptsächlich mit Hähnen) in Leerlaufverhalten umschlagen konnte. Die Tiere pickten und hackten nach einem unsichtbaren „Feind".

Die Entwicklung der drahtlosen Funkreizung führte zu besonders interessanten Resultaten bei freilebenden Menschenaffen. Die von Delgado mit dieser Methode gereizten Tiere zeigten äußerlich sichtbare Wutstimmung. Sie griffen auch untergeordnete Tiere an, vermieden aber Streit mit ranghöheren. Ihre aggressiven Verhaltensweisen glichen den auch sonst auftretenden und waren offensichtlich in hohem Maße von vorausgegangenen Erfahrungen gesteuert. Dieses Beispiel zeigt, daß beim aggressiven Verhalten neben der instinktiven auch die Großhirn-steuerung eine Rolle spielt.

Hormone beeinflussen das Verhalten von Tier und Mensch. Bei vielen Tierarten sind die Männchen aggressiver als die Weibchen. Hierbei spielen Sexualhormone, insbesondere das männliche Hormon Testosteron, eine wichtige Rolle. Durch Verabreichung von Testosteron können friedliche Tiere kämpferisch gestimmt werden. Vielfach ist eine erhöhte Aggressions- und Kampfbereitschaft bei Tieren nach der Geschlechtsreife oder während der Paarungszeiten, also während einer erhöhten Testosteron-Produktion, festzustellen.

Im allgemeinen werden den Sexualhormonen mehrschichtige Wirkungen zugesprochen. Apfelbach und Döhl nennen als die wichtigsten:

– Einfluß auf die Geschlechtsentwicklung: Testosteron wirkt in frühen Entwicklungsstufen, also noch im Mutterleib, auf das Zentralnervensystem ein und legt fest, ob sich das Tier oder der Mensch später überwiegend männlich oder weiblich verhalten wird.

– Ausbildung von sekundären Geschlechtsmerkmalen: Unter der Einwirkung von Testosteron bilden sich die männlichen Geschlechtsmerkmale aus. Fehlt das Hormon oder wird es im Organismus nur in geringen Mengen produziert, entwickeln sich weibliche Merkmale.

– Die kurzzeitige Wirkung von Sexualhormonen besteht in ihrem direkten Einfluß auf das Zentralnervensystem. Eine Injektion im Bereich des Stammhirns wirkt wie eine elektrische Stimulation unmittelbar verhaltensauslösend.

Für R. Apfelbach und J. Döhl (Verhaltensforschung. Eine Einführung, Stuttgart/New York 1980, S. 74) folgt daraus, ,,daß äußere Reize vermutlich bei allen Wirbeltieren bis hin zum Menschen über die Beeinflussung des Hormonhaushaltes zu spezifischen Stimmungslagen und Verhaltenskomplexen führen können.''

Allerdings können auch Lernerfahrungen rückwirkend das

hormonale Gleichgewicht beeinflussen. So steht bei Menschenaffen der Testosteronspiegel sowohl in Verbindung mit der Rangstellung als auch mit dem Grad, in dem das Tier selbst Aggressionen ausgesetzt ist. Während bei niederen Tieren das Verhalten überwiegend instinktgesteuert ist und auf direktem Wege von Hormonen beeinflußt wird, gewinnen Lernerfahrungen bei höheren Tieren und insbesondere beim Menschen an zunehmender Bedeutung für die Verhaltenssteuerung.

Trieb und Reiz: Das Prinzip der doppelten Quantifizierung

Nun ist jedoch die Frage nach einem sich selbst aufladenden Aggressionstrieb noch nicht beantwortet. Aufgrund der neueren Forschung ist anzunehmen, daß die physiologische Aggressionsbereitschaft zwar inneren, hormonal bedingten Schwankungen unterliegt, daß sie aber nicht von sich aus einen Wert annimmt, an dem sie sich von selbst auslöst.

Was wir als die physiologische Triebkomponente bezeichnen, ist ein Reaktionspotential, das zunächst nicht zielgerichtet ist und noch in den Dienst anderer Aktivitäten (Arbeit, Ziele erreichen, Territorium erweitern) gestellt werden kann. Jedoch können unverarbeitete Streß- und Ärgerreize durchaus zu einer erhöhten inneren Aggressionsbereitschaft führen. Für die Auslösung einer Aggression bedarf es aber in der Regel äußerer Reize.

Nun unterliegt die Aggression, wie andere Triebsysteme auch, dem Prinzip der doppelten Quantifizierung (beziehungsweise der doppelten Bedingtheit). Das bedeutet, daß bei hoher Triebstärke auch ein entsprechend schwächerer Reiz genügt, um eine aggressive Reaktion auszulösen. Umgekehrt bedarf es bei einer geringen Triebspannung stärkerer Reize zur Auslösung.

Äußere Reize haben nicht nur eine auslösende, sondern auch eine erregende Wirkung auf die Aggressionszentren. Ob ein äußerer Reiz eine aggressive Erregung zur Folge hat, ergibt sich aus seinem subjektiven Bedeutungsgehalt. Der Reiz „ironische Anspielung" durch einen Vorgesetzten kann aufgrund der Erfahrung mit eben diesem Vorgesetzten eine spezifische Bedeutung haben, nämlich: „Der will mich fertigmachen." Diese Wahrnehmung gibt einen Impuls an das Aggressionszentrum im Säugetier-Hirn weiter, wodurch eine spezifische Erregung — in diesem Falle eine aggressive — zustande kommt.

Diese Erregung teilt sich ihrerseits dem Großhirn mit. Sie sagt ihm: „Du bist jetzt aggressiv!" Gleichzeitig werden Kampfhormone in die Blutbahn geschüttet. Wie wir am Beispiel des Streßgeschehens gesehen haben, bewirken diese eine Einschränkung der Bewußtseinsfunktionen und eine Fixierung auf ein begrenztes Reizfeld, nämlich auf den Gegner und das, was er tut.

Übrigens: Streß ist nicht gleich Aggression. Aggression ist eine spezifische Emotion, die in ein zielgerichtetes Verhalten mündet. Streß ist dagegen ungerichtet. Wie wir noch sehen werden, kann Streß leicht zu Aggressionen führen, wenn ein Verursacher gefunden wird.

Im Zustand aggressiver Erregung führt — wie auch die Alltagserfahrung zeigt — jeder weitere Reiz, der vom Gegner ausgeht, jede zufällige Handbewegung, Geste oder Äußerung, zu immer neuer Erregung. Ja, wie man festgestellt hat, haben diese Wirkung sogar Reize, die nicht vom Gegner ausgehen (ein Gelächter von irgendwoher, eine Autohupe, Flugzeuglärm). Auch das Unterdrücken von aggressiven Reaktionen kann zum Ansteigen der Aggressionsbereitschaft beitragen.

Wie wir im Konfliktfall auf Reize reagieren, hängt also sehr davon ab, wie wir die äußere Situation bewerten. Die Bewertung einer Situation, ob sie als aggressionsrelevant eingeschätzt wird oder nicht, hängt ihrerseits vom vorhandenen Aggressionspotential ab. Innere Bereitschaft und äußere Reize potenzieren einander in ihrer Wirkung. Die Fliege an der Wand kann somit buchstäblich zum aggressionsauslösenden Signal werden.

Alle diese Zusammenhänge sind nicht nur von theoretischem, sondern auch von außerordentlich praktischem Interesse:

1. Durch Gedankentätigkeit kann aggressives Verhalten, relativ zum Grad der Erregung, und sogar die Erregung selbst, gesteuert werden.

2. Ist einmal eine aggressive Erregung zustande gekommen, so werden Instinktmuster (auch motorische) in Gang gesetzt, die eine aggressive Reaktion (auf den Tisch hauen, schreien, aufstampfen) unter Umständen notwendig machen.

3. Werden aggressive Reaktionen immer wieder unterdrückt, so ergibt sich daraus ein sekundärer (umweltbedingter) Aggressionsstau. Wo uns eine aggressive Überreaktion begegnet, das heißt, wo das Verhalten in keinem Verhältnis mehr zum auslösenden Reiz steht, haben wir es aller Wahrscheinlichkeit nach mit einem sekundären Aggressionsstau zu tun.

Aggression als gelerntes Verhalten

Werden Aggressionen gelernt? So gestellt, ist die Frage eindeutig zu verneinen. Aggression als Gefühl ist uns allen angeboren, ebenso das Grundrepertoire an aggressiven Verhaltensweisen (schlagen, treten, schreien, aufstampfen und so weiter). Was allerdings durchaus gelernt wird, sind zum einen die Auslöser der Aggression und zum anderen neue ausführende Verhaltensweisen.

So können Reize, die mit einer aggressiven Erregung gekoppelt sind, im Langzeitgedächtnis gespeichert werden und zu einem späteren Zeitpunkt dasselbe aggressive Gefühl wieder hervorrufen. Angenommen, jemand hatte als Kind unter einem tyrannischen Lehrer zu leiden. Es ist dann wahrscheinlich, daß zu einem späteren Zeitpunkt – der Lehrer ist längst in Vergessenheit geraten – eine Person mit ähnlichem Verhalten oder ähnlichen äußerlichen Merkmalen beim Betreffenden unwillkürlich eine aggressive Emotion auslöst.

Aggressive Verhaltensweisen können zudem durch Erfahrung verstärkt und dadurch in ihrer Auftretenswahrscheinlichkeit erhöht werden. Der Psychologe Patterson machte in Kindergruppen folgende Beobachtungen: Kinder, die aus aggressiven Wettbewerbssituationen häufig als Sieger hervorgingen, griffen danach öfter andere Kinder an. Kinder, die häufig Verlierer waren, erwiesen sich als zunehmend aggressionsgehemmt und passiv.

Gelernt werden sogenannte instrumentelle Aggressionen, also sich mit aggressiven Mitteln durchzusetzen, wenn die Aussicht auf einen Vorteil beziehungsweise Erfolg damit verbunden ist.

Wie die umfangreichen Forschungsarbeiten von A. Bandura zeigen, werden aggressive Verhaltensweisen auch durch Beobachtung gelernt, besonders dann, wenn die beobachteten Aggressionen erfolgreich sind.

Ich selbst habe während meiner Forschungstätigkeit in Kindergärten immer wieder folgendes beobachten können: In jeder Gruppe gab es eine sich mehr oder weniger dominant gebärdende Führerriege, bestehend aus überwiegend älteren Jungen. Wurden diese Älteren eingeschult, so bildete sich bald eine neue Anführergruppe aus Kindern, die vorher kaum aufgefallen waren, nun aber exakt die Verhaltensweisen ihrer Vorgänger kopierten.

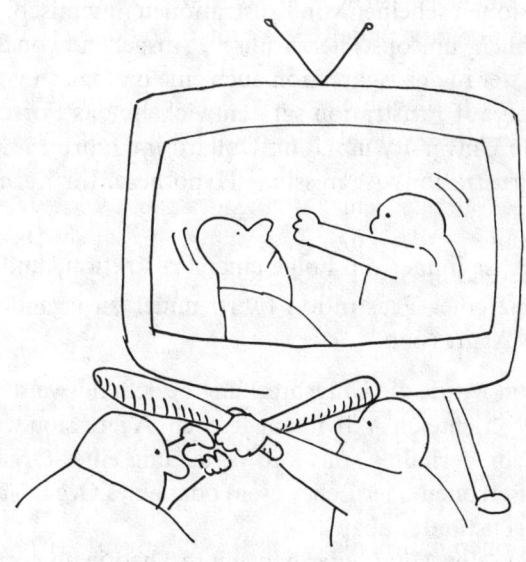

Abb. 10

Kinder – und nicht nur sie – beobachten das Verhalten in ihrer Umgebung, insbesondere das von Status-Inhabern, sehr genau und imitieren es in weiten Zügen, wenn ihnen ein ähnlicher Status zuteil geworden ist.

Auch mancher Manager ist kaum wiederzuerkennen, wenn er den ersehnten Karrieresprung endlich geschafft hat. Dann ist es keine Seltenheit, daß er den Führungsstil seines Vorgängers bis in Detail kopiert.

Allerdings – auch dies ist ein wichtiges Ergebnis der modernen Aggressionsforschung – hängt die Lernbereitschaft für aggressives Verhalten von der jeweiligen inneren Aggressionsbereitschaft ab. Menschen, die zu Aggressionen motiviert sind, beobachten intensiver aggressives Modellverhalten in ihrer Umgebung und in den Medien und ahmen dieses auch bereitwilliger nach.

Frustration und Aggression

Viele Aggressionen scheinen von Frustrationen (lateinisch: frustra = vergeblich, umsonst) herzurühren. Ausgehend von Siegmund Freud, der in der Aggression auch eine biologisch verankerte Reaktion auf Frustration sah, entwickelte das Forscherteam der Yale University um John Dollard im Jahre 1939 die sogenannte Frustrations-Aggressions-Hypothese. Ihr Kernsatz lautet:

– Aggression ist immer die Folge einer Frustration, und
– die Existenz einer Frustration führt immer zu irgendeiner Form von Aggression.

Als Frustration wurde die Unterbrechung beziehungsweise Störung einer zielgerichteten Aktivität angesehen. Aggression wurde definiert als ein Verhalten, das auf Verletzung eines Organismus (andere Personen oder Lebewesen) oder eines Organismus-Ersatzes (Gegenstände) abzielt.

Dollard und seine Mitarbeiter haben ihre Theorie noch etwas differenziert und einige Zusätze formuliert:

- Nach Ansicht von Dollard ergibt sich die Stärke der Aggression aus der Stärke des unterbrochenen Zielverhaltens.

  Ein Beispiel: Essen ist das Zielverhalten für Hunger. Ist man sehr hungrig und wird beim Essen gestört, ist die Aggression stärker als bei nur geringem Appetit.

  Ein anderes Beispiel: Zwei Autofahrer fahren in derselben Richtung auf der Autobahn. Der eine hat einen wichtigen Termin; der andere hat gerade Feierabend und weiß noch nicht, ob er nach Hause oder zu seiner Stammkneipe fahren soll. Beide geraten in einen Stau. Wer von beiden wird aggressiver reagieren? Wahrscheinlich der mit dem Termin. Für den einen bedeutet der Stau eine Zielblockade, für den anderen stellt er möglicherweise eine willkommene Unterbrechung dar, die ihm Zeit gibt, eine Entscheidung zu treffen.

- Der Anreiz zu Aggression ist am stärksten gegen diejenige Person gerichtet, die als Ursache der Frustration wahrgenommen wird.

  Erhält der zielblockierte Autofahrer den Eindruck, daß eine bestimmte Person den Stau schuldhaft verursacht hat, so richtet sich sein Unmut gegen diese Person.

- Unter der Voraussetzung, daß Angst vor Bestrafung vorliegt, kann die Aggression auch gehemmt werden.

  Erkennt unser Autofahrer in dem Stauverursacher plötzlich seinen Chef, so gerät er in einen inneren Konflikt. Untersuchungen ergaben, daß gegen gleich- oder niedrigergestellte Personen viel aggressiver vorgegangen wird als gegen höhergestellte Personen.

- Durch die Ausführung einer aggressiven Handlung wird der Anreiz zu weiteren Aggressionen reduziert. (Auf diesen als Katharsis bezeichneten Vorgang werden wir später noch zurückkommen.)

Abb. 11

Um die Frustrations-Aggressions-Hypothese zu überprüfen, wurde eine Vielzahl von Experimenten durchgeführt. Man ging dabei etwa nach folgendem Muster vor: Die Versuchspersonen, meist Studenten, wurden unter dem Vorwand „geködert", sie würden an einem Lernexperiment teilnehmen. Sie sollten Denksport- oder Mathematikaufgaben in einer bestimmten Zeit lösen. Als Belohnung für erfolgreiche Arbeit wurde ihnen ein attraktiver Geldbetrag in Aussicht gestellt. Dann brach – aus irgendeinem vorgeschobenen Grund – der Versuchsleiter das Experiment ab. Die Studenten, die sich so auf die Belohnung gefreut hatten, waren natürlich frustriert.

Es stellte sich allerdings heraus, daß es zum Teil erhebliche Abweichungen in den Reaktionen der Versuchspersonen gab: Nur ein Teil reagierte mit Aggression, andere zeigten sich eher resigniert, andere wiederum waren erregt, versuchten aber durch konstruktive Diskussionen eine Lösung herbeizuführen. Die ursprüngliche Aussage, daß jede Frustration zu einer Aggression führe, wurde daher bald fallengelassen. Allerdings hielt man zunächst noch an der Annahme fest, daß jede Aggression auf einer Frustration beruhe.

Später wurde die Frustrations-Aggressions-Hypothese zu einer Frustrations-Antriebs- beziehungsweise Frustrations-Erregungs-Hypothese abgewandelt. Man ging davon aus, daß Frustration eine physiologisch meßbare Erregung zur Folge habe, die zu einem verstärkten Antrieb für jedwede Reaktion führe, die in der Lage ist, das frustrierende Erlebnis zu verarbeiten. Tatsächlich kann man beobachten, daß manche Personen auf Frustrationen, zum Beispiel Arbeitslosigkeit, mit verstärkten Anstrengungen reagieren, ihre Situation zu verbessern.

Als unzulänglich erwies sich später auch die Definition von Frustration, wie sie Dollard und seine Mitarbeiter vorgeschlagen hatten (Behinderung eines zielgerichteten Verhaltens). Diese bezieht sich ja nur auf solche Fälle, in denen ein zielgerichtetes Verhalten bereits in Gang gesetzt ist. Wie steht es dagegen um Entbehrungs- und Mängelfrustrationen (kein Geld, keine Arbeit, keine Aufstiegschancen), bei denen ja von einer Behinderung eines Zielverhaltens nicht die Rede sein kann?

Es lassen sich mehrere – mindestens drei – Frustrationsklassen unterscheiden:

– *Störende Reize* (dazu zählen: physischer Schmerz, Hitze, Lärm; aber auch: persönliche Angriffe, Provokationen, Beleidigungen, Abwertungen und dergleichen)
– *Hindernisfrustrationen* (Unterbrechung, Behinderung einer zielgerichteten Verhaltensweise, einer Absicht)
– *Mängelfrustrationen* (physiologische Mängel: Mangel an Schlaf, lebensnotwendigen Vitaminen und so weiter; materielle Mängel: Mangel an Geld, Besitz; soziale Mängel: zuwenig Sozialkontakte, Anerkennung, Zuwendung)

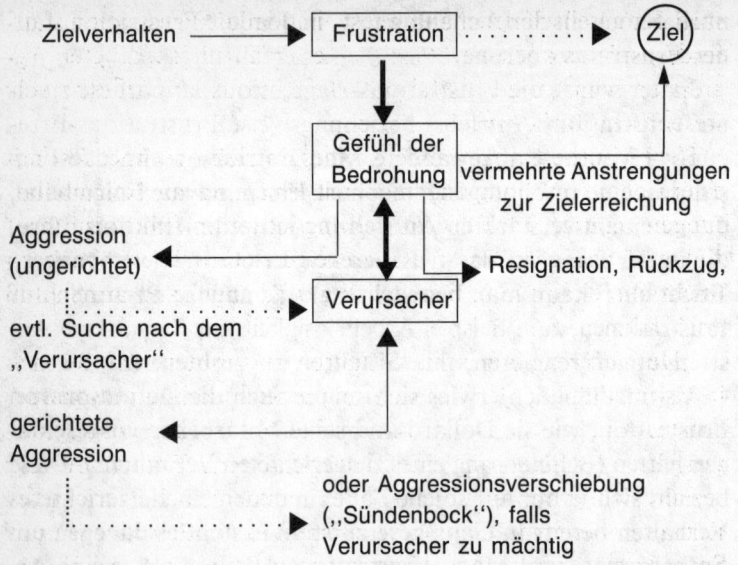

Nicht jede Frustrationsart führt mit gleich hoher Wahrscheinlichkeit zu Aggression. Man weiß aus vielen Untersuchungen,
daß eine unbeabsichtigte Behinderung – man wird in einer Stra-
ßenbahn ohne Absicht angerempelt, die betreffende Person entschuldigt sich – nicht unbedingt zu einer aggressiven Reaktion
führt. Viele Menschen reagieren auch auf Mängelerscheinun-
gen nicht gleich mit Aggression. Zuerst wird meist versucht,
durch zielgerichtete Aktivitäten den Mangel zu beheben. Gelingt
dies nicht, so kann sich auch Resignation breitmachen.
Affektive Aggressionen kommen allerdings mit großer Wahrscheinlichkeit dann auf, wenn es sich um Zielblockaden handelt, für die sich ein Verursacher identifizieren läßt. Handelt
dieser unserer subjektiven Einschätzung nach sogar mit Absicht,
so haben wir es mit einer Frustration der Klasse „störende Reize"
zu tun. Die Wahrscheinlichkeit aggressiver Erregtheit ist dann
groß. Ob der Frustrierte dann tatsächlich mit offenem aggressiven Verhalten reagiert, hängt noch von einer Reihe zusätzli-
cher Bedingungen ab. Neben situativen Bedingungen (zum Bei-

spiel der gesellschaftliche Rahmen, in dem die Frustration stattfindet) spielen auch die Stärke seiner erfahrungsbedingten Aggressionshemmungen und die Stärke seines Angriffsmotivs eine wesentliche Rolle.

Herr Müller, ein Angestellter eines Betriebs, rechnet fest mit einer Gehaltserhöhung und hat bereits einige private Neuanschaffungen getätigt. In der Verhandlungssituation führt sein Chef zunächst Sachgründe für die verweigerte Gehaltserhöhung an (nicht ausreichende Arbeitsleistung) und fügt dann am Schluß noch hinzu:

,,Herr Müller, mir ist da zu Ohren gekommen, daß Sie sich in Erwartung der Gehaltserhöhung schon mächtig verschuldet haben. Also, wenn das die Art ist, wie Sie Verantwortung tragen, dann bestätigt mir dies nachträglich meine Entscheidung.''

Herr Müller fühlt sich am Boden zerstört. Nicht nur, daß er jetzt keine Gehaltserhöhung bekommt und darüber hinaus noch Schulden hat, er wird von seinem Chef auch noch lächerlich gemacht und als ein unmündiges Kind hingestellt. Herr Müller kocht innerlich vor Wut. Er würde seinem Chef gerne einige Worte entgegenschleudern, aber wenn er jetzt noch seine Stellung verlöre, wäre alles aus. Zähneknirschend verläßt er das Büro. Abends, zu Hause, ist er in sich gekehrt und macht einen mürrischen Eindruck. Seiner Frau versucht er aus dem Weg zu gehen. Schließlich, als ihn sein 12jähriger Sohn um einen größeren Betrag für seine Sportausrüstung bittet, bricht es aus Herrn Müller hervor. Er schreit seinen Sohn an:

,,Ja, was glaubst du denn, wer ich bin. Ein Millionär? Hab ich dir nicht vor drei Wochen Geld für deine neue Ski-Ausrüstung gegeben? Wenn du nicht haushalten kannst, mußt du die Konsequenzen selbst tragen . . . ''

Warum reagiert Herr Müller erst jetzt aggressiv? Welche psycho-physiologischen Vorgänge waren an seinem Verhalten beteiligt?

Wahrscheinlich hätte sich Herr Müller mit der verweigerten Gehaltserhöhung (Mängelfrustration) abfinden können. Dies hätte zwar vermehrten Streß und eine ,,schleichende'' Auffüllung seines Aggressionsreservoirs zur Folge gehabt, aber noch keine zielgerichtete Aggression.

Erst die Worte seines Chefs, die er als demütigend (störende Reize) empfand und durch die er sich in seinem SWG verletzt fühlte, waren der Auslöser für seine Wut. Sie erst schalteten sein biologisches Aggressionssystem ein, denn nun war der Verursacher allen Übels identifiziert.

Jedoch war seine Aggression gegen den Chef gehemmt (Angst vor Konsequenzen); ebenso die gegen seine Frau. Die Großhirnsteuerung funktioniert also noch. Die aggressive Reaktion erfolgte erst gegen den Sohn, dem ,,schwächsten Glied'' in der Personenkette. Es handelte sich somit um eine Aggressionsverschiebung. Vielleicht errinerte ihn der Sohn auch an ihn selbst. Herr Müller hätte in diesem Fall die Wut gegen sich selbst auf den Sohn projiziert.

Fazit: Eine Frustration führt nicht automatisch zu Aggression. Vielmehr wird die Reaktion auf Frustration durch folgende Faktoren bestimmt:

– Stärke des unterbrochenen Zielverhaltens
– Wahrnehmung eines schuldigen Verursachers
– bereits vorhandenes Aggressionspotential
– erworbene Aggressionshemmungen

Es lassen sich für uns nun verschiedene Aggressionsarten und auslösende Bedingungen unterscheiden:

	Ursache	Affektive Aktivierung	Ziel
Affektive Aggression	Frustration Beleidigung Ärger Streß	doppelte Quantifizierung: Aggr.-Potential / äußere Reize	Ungerichtet (reine Unmutsäußerung) Schädigung Vergeltung
Instrumentelle Aggression	Durchsetzung Abwehr	keine bzw. Angst	Vorteile Beachtung Schutz
Mischform: Verselbständigte Aggression	Frustration Ärger Vorteile (Beachtung, Macht)	doppelte Quantifizierung: Aggr.-Potential / äußere Reize erwarteter Erfolg	Schädigung Vorteile „Streitsuchen"

Gründe, weshalb es zu Aggressionen kommt

Nach diesem theoretischen Exkurs sind wir nun in der Lage, die verschiedenen in Frage kommenden „Auslöser" für Aggression im Hinblick auf deren Ursprung und Wirkung besser identifizieren zu können.

Wichtig ist dabei, daß wir uns das Prinzip der doppelten Quantifizierung noch einmal in Erinnerung rufen. Danach setzt sich aggressives Empfinden und Verhalten immer aus zwei Komponenten und ihrer Potenzierung zusammen:

1. *Kognitive Komponente:* Bewertung des äußeren Reizes durch das Denkhirn (Großhirn).

2. *Triebkomponente:* Diese setzt sich zusammen aus den natürlichen Schwankungen der Aggressionshormone und dem, was sich an Kampfhormonen aufgrund vorangegangener Vorfälle (Frustrationen, Ärger) bereits angesammelt hat.

3. *Potenzierung:* Wird ein äußerer Reiz vom Denkhirn als aggressionsrelevant eingestuft, so führt dies zu einer Ausschüt-

tung von Kampfhormonen, also zu einer Erhöhung der Triebkomponente. Diese wiederum führt zu einer erhöhten Reizbarkeit.

Betrachten wir nun vor diesem Hintergrund die häufigsten Aggressionsauslöser:

Bedrohung: Eine reale Bedrohung (zum Beispiel die Androhung
einer Entlassung oder einer Eintragung in die Personalakte) setzt
Kampf- und Fluchthormone frei. Kommt das Denkhirn zu der
Auffassung, daß Angriff besser ist als Flucht, wird die Energie
in Angriffsenergie umgewandelt. Auch ein Tier wird sich bei
einer Bedrohung aufgrund der Einschätzung der Situation für
Kampf oder Flucht ,,entscheiden''.

Angst: Bei der Angst haben wir es mit einer nicht realen, einge-
bildeten Bedrohung zu tun. Die physiologischen Mechanismen
sind jedoch die gleichen. Menschen mit einem erhöhten Angstpotential sind auch ständig in ,,Alarmbereitschaft''. Die Bedrohung wird in den jeweiligen Angstgegner – ganz gleich ob es
sich um die Angst vor Personen, Tieren, bestimmten Situationen oder Orten handelt – hineinprojiziert. Es wird dann mit
Flucht oder Angriff reagiert.

Mangelndes SWG: Menschen mit einem schwachen SWG verfügen über ein hohes Angstpotential in zwischenmenschlichen
Beziehungen. In der Kommunikation mit anderen dekodieren
sie oft auf einer negativen Beziehungsebene, sie fühlen sich abgewertet oder in ihren Bedürfnisdefiziten ,,ertappt''. Harmlose
Reize nehmen sie als persönliche Angriffe wahr. Da sie zugleich
aggressionsgehemmt sind (Angst vor Bestrafung, Liebesentzug,
Zurücksetzung), ,,schaukelt'' sich ihre Aggressionsbereitschaft
immer mehr in die Höhe. Menschen mit einem schwachen SWG
sind oft heimliche Aggressoren.

Zielblockaden: Wie wir gesehen haben, führen Zielblockaden
nicht per se zu aggressiven Reaktionen. Erst der ,,Verursacher''
wirkt als Aggressionsauslöser.

Jedoch setzen Zielblockaden ebenfalls Kampfhormone frei. Aufgrund der Erhöhung der Triebkomponente kommt es zu dem, was die Verhaltensforscher als Appetenzverhalten bezeichnen: Der ,,Verursacher'' − auch wenn er real nicht existiert − wird gesucht und gefunden.

Erwartung einer Belohnung: Es gibt eine Aggressionsform, die gänzlich ohne affektive Triebkomponente auskommt. Es ist die instrumentelle Aggression. Wenn zum Beispiel ein Fußballspieler fünf Minuten vor Abpfiff noch ein Foul begeht, um den Torschuß eines gegnerischen Spielers zu verhindern. Oder wenn ein Mitarbeiter aggressiv verhandelt oder einen Konkurrenten im Betrieb ,,aussticht'', um eine höhere Position zu erlangen.

Werden derartige Aggressionen häufig belohnt, und tritt dann noch die Triebkomponente hinzu, so entstehen daraus Mischformen affektiver und instrumenteller Aggressionen: die spontane, verselbständigte Aggression.

Überreaktionen aufgrund vorangegangener Frustrationen: Werden Ärger und Frustrationen lange Zeit ,,hinuntergeschluckt'', so entsteht aufgrund der ständigen Triebproduktion eine erhöhte Reizbarkeit und ein Triebstau.

Da dies im privaten und beruflichen Leben eine der häufigsten Ursachen für Aggressionen ist, wollen wir uns im folgenden etwas näher damit beschäftigen.

Der aggressionsgehemmte Mensch

Aggression und Anpassung

Für uns heute ist nicht etwa der angeborene Aggressionstrieb ein Problem, sondern der Aggressionsstau in Folge einer gelernten Aggressionshemmung. Lernen wir nicht alle mehr oder weniger von Kindesbeinen an, uns anzupassen, nett und freundlich zu sein, nicht zu laut zu reden und unseren Ärger hinunterzuschlucken?

Als ich Mitte der 80er Jahre eine wissenschaftliche Untersuchung über das Raufen und Toben von Kindern in Kindergärten machen wollte, mußte ich erst gegen den Widerstand von Eltern und Erzieherinnen ankämpfen. Viele von ihnen hielten diese Art von Betätigung für unnütz und der geistigen Entwicklung nicht förderlich, oder man befürchtete, daß die Kinder dadurch zu Aggressionen ermuntert würden. Meine Untersuchung ergab später: Raufende Kinder sind keineswegs aggressiver als andere, dafür aber beliebter.

Diese Form der Anpassung setzt sich dann in Schule und Beruf fort. ,,Lehrjahre sind keine Herrenjahre", heißt es. Schon der junge Berufsneuling wird vom ersten Tag an in seine Schranken verwiesen. Aber auch später läßt der Anpassungsdruck kaum nach. Je größer das Unternehmen und je höher die Karrierestufe, desto mehr wird die Kultur der Anpassung, der Leisetreterei und der Unterdrückung von Gefühlen gepflegt. In den gläsernen Palästen der Konzerne, in ihren mit schallschluckenden Teppichböden ausgelegten Fluren begegnen sich tagtäglich mit allen Wassern gewaschene Intriganten mit gespielt freundlicher Miene. So beeindruckend und imponierend diese Fassade auf den Besucher wirken mag, so hoch ist oft der Preis für unterdrückte Aggressionen und Konflikte, die dort am meisten auftreten, wo es am ,,coolsten" zugeht.

So im Falle des Herrn L., Top-Manager eines Automobil-Konzerns, der über lange Jahre seinen alkoholabhängigen Sohn geradezu mit Verständnis und Wohltaten überschüttete, um dann eines Tages zum Messer zu greifen und seinen Sohn zu erstechen. Wie um alles in der Welt, so fragten sich alle, die ihn kannten, war es möglich, daß Herr L., den man ob seiner scheinbar unbegrenzten Langmut und Geduld bewunderte, zu einer solchen Tat fähig war?

Die Antwort erscheint paradox: Jede seiner Wohltaten dem Sohn gegenüber hatte – für ihn unbewußt – aggressiven Charakter. Sie hinderte nämlich den Sohn an der Entwicklung eines freien und selbständigen Ich. Der Manager bestrafte dadurch nicht nur den Sohn, sondern auch sich selbst. Er gehörte nämlich zu jener Sorte von Minus-Spielern, die ständig ihre wahren Gefühle verdrängen, bis es zwangsläufig zur Katastrophe kommen muß. Aggressionen lassen sich aber auf die Dauer nicht verdrängen. Sie äußern sich dann in versteckter Form, und sei es im Gewand der Wohltätigkeit. Sie führen zu Psycho-Spielen, aus denen keiner der Beteiligten mehr einen Ausweg findet.

Frau Merckel hat sich in einem Versicherungsbetrieb bis zur Abteilungsleiterin hochgearbeitet. Sie ist stolz auf das Erreichte und arbeitet sehr hart. Eines Tages wird ihr die Leitung einer weiteren Abteilung übertragen. Dies geht an die Grenzen ihrer Leistungsfähigkeit. Aus falschverstandener Dankbarkeit dem Betrieb gegenüber traut sie sich nicht wirklich, sich gegen die Entscheidung zur Wehr zu setzen. Sie ist voller Wut und Groll gegenüber ihren Vorgesetzten von der Geschäftsleitung. Diese Wut richtet Frau Merckel aber gegen sich selbst. Sie wird immer häufiger krank, versagt sich aber einen dringend erforderlichen Kuraufenthalt. Was sie zusätzlich belastet, ist, daß sie sich öfter dabei ertappt, daß sie ihre Mitarbeiter wegen Kleinigkeiten ungerecht behandelt.

Hätte Herr L. seine wahren Gefühle, seine Verzweiflung, Enttäuschung und Wut gegenüber seinem Sohn einmal ausdrücken können, ebenso Frau Merckel gegenüber der Geschäftsleitung, hätte man sich gegenseitig einmal die Meinung gesagt, auch, wenn dabei die ,,Fetzen geflogen'' wären, dann hätte die Katastrophe bei Herrn L, die Flucht in Krankheit und Selbstzerstörung bei Frau Merckel vermieden werden können.

Rechtfertigung der Aggression

Es gibt noch eine weitere Erklärung für derartige Überreaktionen. Wir lernen nämlich nicht nur, Aggressionen und andere Gefühle zu unterdrücken; wir lernen auch, wann und unter welchen Bedingungen man Aggressionen zeigen darf.

Affektive Aggressionen gelten weithin als unfein, störend, ja als ein Zeichen von Schwäche und sogar von Infantilität. Dagegen werden instrumentelle Aggressionen (andere ,,ausstechen'', sich auf Kosten anderer profilieren, bereichern und so weiter) in der Erziehung und später im Beruf geradezu gefördert. Andererseits werden affektive Aggressionen durchaus geduldet, wenn gesellschaftlich akzeptierte Gründe vorliegen. Diese Begründung drückt sich meist in dem Satz aus: ,,Das Maß ist voll.'' Was aber geht dem voraus? Eben ein Sammeln und Aufstauen von negativen Gefühlen, bis tatsächlich irgendwann das gesellschaftlich erträgliche Maß ,,voll'' ist.

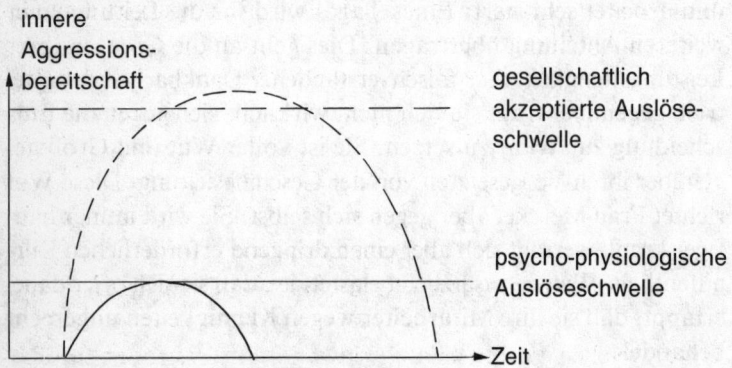

Die gesellschaftliche ,,Meßlatte'', die wir aufgrund unserer Erziehung verinnerlicht haben, ist aber um ein Vielfaches höher als die individuelle psycho-physiologische. Bis dahin aber wird verdrängt, intrigiert, versteckt aggressiv und selbstdestruktiv gehandelt. Erst wenn die gesellschaftliche Marke erreicht ist, fühlt sich der Betreffende in seinem Verhalten gerechtfertigt. Alle hemmenden Gedanken sind aus dem Weg geräumt. Das Prinzip der doppelten Quantifizierung macht aber deutlich, daß es sich dann nur noch um eine Überreaktion handeln kann, die in keinem Verhältnis zum auslösenden Reiz steht. Sie trifft Opfer und Unbeteiligte vollkommen überraschend. Niemand kann sich wirklich einen Reim darauf machen.

Wie wir gesehen haben, bewirkt ein erhöhter Antriebsstau bei Tier und Mensch das sogenannte Appetenzverhalten, das heißt die aktive Suche nach auslösenden Reizen. Was diese Suche nach Auslösern betrifft, so verfügt der Mensch gegenüber dem Tier über sehr viel raffiniertere Strategien. Er kann sich gewissermaßen seine auslösenden Reize selbst schaffen.

Eine Möglichkeit, schneller an die gesellschaftlich akzeptierte Auslöseschwelle zu gelangen, ist das „Streitsuchen". Die Funktion des Streitsuchens besteht darin, den Konfliktgegner durch geschickte Provokationen zu aggressiven Handlungen zu bewegen, welche dann die eigenen Aggressionen rechtfertigen. Dann liegt die Schuld beim anderen, man selbst hat sich ja nur zur Wehr gesetzt. Gegenwehr ist schließlich eine sogar von dem Gesetz gebilligte Aggressionsform.

Es gibt sowohl aktive Formen des Streitsuchens (offene Provokationen, Behinderungen, Gerüchte verbreiten und so weiter) als auch passive (Verweigerung, Sichzurückziehen, Mißverstehen, Entscheidung verzögern und dergleichen).

Müssen Aggressionen ausgelebt werden?

Unter welchen Voraussetzungen werden Aggressionen tatsächlich abgebaut? Die Katharsis-Hypothese, wie sie als Zusatzannahme der Frustrations-Aggressions-Hypothese von Dollard und seinen Mitarbeitern formuliert wurde, besagt, daß durch die Ausführung einer Aggression der Antrieb zu weiteren Aggressionen reduziert wird. Der Begriff Katharsis bedeutet allgemein ein Sich-Befreien von unterdrückten Emotionen und Spannungen im Sinne einer Abreaktion.

Untersuchungen zur Überprüfung der Katharsis-Hypothese sind wie die Frustrations-Experimente gewöhnlich so angelegt, daß man Versuchspersonen vorgibt, sie würden an einem Lernexperiment teilnehmen. Im weiteren Verlauf werden diese dann durch vorzeitigen Abbruch des Experiments, durch schlechte Beurteilungen bezüglich ihrer gezeigten Leistungen oder durch Provokationen von seiten des Versuchsleiters oder einer mit ihm verbündeten Person frustriert (Frustrationsphase). Danach werden zwei Gruppen von Versuchspersonen gebildet, wobei die eine Gelegenheit bekommt, ihre Aggressionen auszudrücken (Aggressionsphase), die andere dagegen nicht. Diese beiden Gruppen werden sodann bezüglich ihres aggressiven Verhaltens beziehungsweise ihrer verbleibenden Aggressionstendenzen miteinander verglichen (Kontrollphase).

Gewöhnlich werden kathartische Effekte auf drei verschiedenen Ebenen gemessen:

Verhaltensebene: Es wird mittels Verhaltensbeobachtung ermittelt, ob sich Personen nach einer Aggressionsphase weniger aggressiv verhalten.

Psychologische Ebene: Durch Nachbefragungen und Messungen der Phantasietätigkeit durch Projektive Tests wird ermittelt, ob die Versuchspersonen tatsächlich eine subjektive Spannungsminderung erlebten und zu weniger aggressiver Phantasietätigkeit neigen.

Physiologische Ebene: Durch die Messung physiologischer Parameter (Hautwiderstand, Pulsfrequenz, Blutdruck) wird ermittelt, ob die Versuchspersonen nach einer Aggression einen physiologischen Spannungsabbau erleben. Hier nun einige Ergebnisse dieser Untersuchungen:

- Die Ausführung aggressionsmotorischer Aktivitäten (auf einen Sandsack einschlagen, Holz hacken, auf eine Scheibe schießen) ohne vorausgehende Ärgeraktivierung führte nicht zu einer Verminderung der Aggressionstendenzen.

- Direkte verbale Angriffe gegen einen Provokateur hatten dagegen in der Mehrzahl aller Untersuchungen tatsächlich einen positiv erlebten Aggressionsabbau zur Folge.
  Allerdings: Bei stark aggressionsgehemmten Personen – so bei vielen weiblichen Probanden – war der kathartische Effekt geringer, oder er trat gar nicht ein.

- Die Spannungsminderung war dann am größten, wenn nach einer Frustration der Provokateur durch verbale Angriffe zur Rechenschaft gezogen wurde und dieser seine Schuld eingestand. Einen zusätzlichen kathartischen Effekt hatten motorische Abreaktionen der Versuchspersonen.

– Hatten die Versuchspersonen keine Gelegenheit, ihren Aggressionen in Form von Beschwerden oder verbalen Angriffen Luft zu machen, so stiegen ihre Aggressionswerte an.

Diese Ergebnisse zeigen, daß Personen also dann einen Spannungsabbau nach einer Aggression erleben, wenn ihre Aggression etwas bewirken konnte (Provokateur entschuldigt sich, zeigt sich einsichtig und betroffen). Kein Spannungsabbau, sondern sogar eine noch gesteigerte Aggressivität war die Folge, wenn die vom Provokateur erwarteten Reaktionen nicht eintraten.

Ziel der Aggression, so könnte man aus diesen Experimenten folgern, ist also nicht die physische Schädigung, sondern eine Veränderung der äußeren Reizsituation, eine Wiederherstellung des eigenen Selbstkonzepts, des verletzten SWG.

Die motorische Komponente dient der momentanen Erregungsabfuhr – sie ist deshalb wichtig. Sie hat für sich genommen aber keine Auswirkung auf die äußere Reizsituation (Verhalten des Provokateurs). Es sei denn, daß der Provokateur erst durch Prügel dazu veranlaßt werden kann, sich zu entschuldigen.

Übertragen auf den betrieblichen Alltag könnte dies bedeuten: Wenn sich beispielsweise Vorgesetzte gegen die Beschwerden ihrer Mitarbeiter „sperren", oder wenn Vorgesetzte nicht in der Lage sind, sich auch einmal zu entschuldigen, Zugeständnisse zu machen und Betroffenheit zu zeigen, so bewirken sie einen Anstieg der Aggressionsbereitschaft bei ihren Mitarbeitern.

Wenn der Mitarbeiter stark aggressionsgehemmt ist, so wird er versteckte oder selbstdestruktive Formen der Aggressionsabfuhr wählen, die in ihren Auswirkungen viel schlimmer – und für das Unternehmen kostenintensiver – sind als direkte Aggressionsformen.

Jeder, der an einer konstruktiven Konfliktlösung interessiert ist, muß daher auch dem anderen seine Aggressionen zugestehen können.

Umgang mit Aggressionen:
Streitkultur statt Kultur der Anpassung

Aggressionsrituale

„Es ist wieder mal zum Kotzen. Erst dieser gottverdammte Stau in der Innenstadt, das hat mich heute morgen schon geschafft. Dann dieser blöde neue Abteilungsleiter, der mir Arbeiten auf den Tisch knallt, die überhaupt nicht in mein Ressort gehören. Der blickt's überhaupt nicht. Ja, und dann noch die Klimaanlage, die mal wieder kaputt ist. Der Hausmeister ließ sich natürlich eine Ewigkeit nicht blicken. Jetzt will er nachmittags mal reinschauen. Also, mir reicht's für heute."

Dies ist kein abendliches Dampfablassen beim (Ehe-)Partner über einen „frustigen" Arbeitstag innerhalb der schützenden eigenen vier Wände, sondern ein Aggressionsritual kurz vor der Mittagspause, mitten im Betrieb. Dieses Mal war Kati, die Sachbearbeiterin, an der Reihe. Sie hatte es auch wirklich nötig. Hätte es ein anderer noch „nötiger" gehabt, hätte man ihm den Vortritt gelassen. Die Angestellten dieser Abteilung haben festgestellt, daß ihnen die öffentliche Mitteilung ihrer Frustrations- und Ärgergefühle eine ungeheure Erleichterung verschafft. Sie empfinden diese Aggressionsrituale wie eine seelische Frischzellen-Kur. Niemand wird schief angesehen, was immer er auch äußern mag, nur raus muß es. Neid, Ärger, Schadenfreude kommen gar nicht erst auf bei so viel Offenheit. Ja, man versteht diejenige Person, die da gerade ihrem Ärger Luft macht, mit einem Mal besser als je zuvor. Es kommen Sympathien auf. Ängste, die man vorher nicht einmal benennen konnte, treten zurück. So riesengroß der Frust und Ärger eben noch erschien, so klein ist er nach der Aggressionsentladung geworden. Der Kopf wird frei für andere Dinge: „Was war da noch? Ach ja, zwei Aktenvermerke müssen geschrieben werden. Dringende Post muß noch raus. Und nach Feierabend? Klaus soll mal nach dem Rasenmäher sehen. Fisch einkaufen? Nein, heute abend wird essen gegangen."

Informative versus feindselige Aggression

George Bach, der „Erfinder" derartiger Aggressionsrituale, die er in vielen hundert Therapiesitzungen und Seminaren auch erprobt hat, nannte dieses Ritual „Vesuvius". Angestauter Frust und Ärger, gleich welche Ursachen er hat, wird in Abwesenheit eines eventuellen Wutpartners geäußert. Dies hat den Vorteil, daß Wut, Ärger, Streß und Aggressionen schon im Vorfeld abgebaut werden, bevor das Faß zum Überlaufen kommt und der berühmte „Sündenbock" gesucht wird.

Bach hat für die positiven Effekte des Aggressionsrituals eine ebenso simple wie geniale Antwort. Sie läßt sich sogar in einer Formel ausdrücken:

$$\text{konstruktive Aggression} = \frac{\text{Informationswert}}{\text{verletzende Feindseligkeit}}$$

Dementsprechend nimmt die destruktive Aggression zu, je größer die verletzende Feindseligkeit und je geringer der Informationswert ist. Destruktive Aggression nimmt ab und konstruktive nimmt zu, je größer der Informationswert einer Aggression ist.

Den Informationswert verdeutlicht man sich mit Hilfe folgender Fragen:

- Welches sind die Bedürfnisse, die hinter meiner Aggression stehen?
- Was sind die wirklichen Gründe meiner Aggression?
- Wie sehe ich mich selbst, wie sehe ich den anderen?
- Was fühle ich wirklich?

Der Feindseligkeitswert hängt davon ab, wie intensiv man folgende Gedanken denkt:

- Der andere ist der Schuldige.
- Er muß daher bestraft werden.
- Ich muß meine Machtposition unbedingt wiederherstellen.

Die „informative" Aggression ist expressiv, vital, affektiv. In ihr äußert sich Betroffenheit, vielleicht auch Hilflosigkeit. Die feindselige Aggression dagegen ist meist versteckt, strategisch, oft instrumentell. Bei der feindseligen Aggression wird die eigene Betroffenheit geradezu vertuscht. In ihr kommt ein gesellschaftliches Ritual zum Ausdruck, das es unmöglich macht, den wirklichen Ursachen auf den Grund zu gehen. Bei der „informierenden" Aggression, der auch feindselige Elemente beigemischt sein dürfen, bietet sich dagegen für alle Beteiligten die Chance zu erkennen, was wirklich hinter ihr steht. Es ist übrigens immer wieder zu beobachten und faszinierend zu erleben – für mich selbst im Alltag und in meinen Seminaren –, daß offene und ungeglättete Aggressionen (aufgrund ihres Informationswertes!) zwar betroffen machen, aber nicht wirklich verletzen.

Insofern geht mit wachsendem Informationswert auch eine veränderte Wahrnehmung im positiven Sinne einher. Der Kopf wird frei. Die Dinge werden als wirklicher und greifbarer erlebt. Es ist keine Seltenheit, daß zwei Menschen erkennen, daß hinter ihrer Aggressivität, die sie sich entgegenbringen, nichts anders steht als eine verdrängte Zuneigung.

Übung: „Virginia Woolf"

„Virginia Woolf" ist ein von G. Bach vorgeschlagenes Aggressionsritual, das man zu Hause mit dem Partner, sozusagen als „Trockenübung" durchführen kann. Es unterscheidet sich von „Vesuvius" darin, daß zwei Partner gleichzeitig ihren Dampf ablassen.

Regeln:
- Sich zwei Minuten lang gleichzeitig anschreien.
- Jeder konzentriert sich auf seinen eigenen Angriff und hört sowenig wie möglich dem Partner zu.
- Erlaubt sind alle Schimpfwörter sowie Übertreibungen, Grimassen schneiden, drohende und absurde Bewegungen.
- Das Ritual kann vorzeitig abgebrochen werden, wenn einer der Streitpartner genug hat.
- Wichtig: Hinterher über die Gefühle, die man dabei hatte, reden und sich versöhnen.

Aggressionsrituale bedürfen der Übung, der Vermittlung und Überwachung – am besten durch speziell ausgebildete Moderatoren. Aggressionsrituale müssen nach und nach und mit Vorsicht in einem Betrieb ,,institutionalisiert'' werden.

Für den täglichen unmittelbaren Umgang sind sie ungeeignet. Es wäre sicherlich befremdend, würde beispielsweise ein Mitarbeiter wegen einer unbedachten Äußerung seines Chefs ein sofortiges ,,Aggressionsritual'' fordern. Es gibt aber noch andere Möglichkeiten, in der Kommunikation Aggressionen und ungute Gefühle zum Ausdruck zu bringen, ohne gleich zu verletzen.

Wie wir alle wissen, reagieren Menschen, die sich in einem Konflikt befinden, äußerst sensibel auf den Kommunikationsstil der anderen Partei. Gleichzeitig neigen die Konfliktparteien dazu, aus Angst vor ,,Gesichtsverlust'', eigene Betroffenheit und Emotionen zu verbergen. Daraus resultiert oft ein pseudosachlicher, schulmeisterlicher Kommunikationsstil, den die Transaktionsanalyse dem Eltern-Ich zuschreibt.

- ,,Herr Meier, wenn *Sie* glauben, daß ich auf diese Art von Argumentation hereinfalle, so haben *Sie* sich gründlich getäuscht.''
- ,,Es ist doch schlicht und einfach die Unwahrheit, wenn *Sie, Herr Krüger*, behaupten, daß . . . ''
- ,,Halten wir uns doch einmal an die Fakten, meine Damen und Herren, schauen *Sie* . . . ''

Dieser Kommunikationsstil ist dadurch gekennzeichnet, daß er eigene Überlegenheit dokumentieren soll und den Gegner verteufelt, das heißt, die Schuld allein bei ihm sucht (und findet). Es ist der ,,Du bist''-Stil – auf einer verdeckten Ebene wird zum Ausdruck gebracht: Du bist unfähig, mir weit unterlegen, dumm, engstirnig, gemein. Er ist dazu angetan, den Konfliktgegner in eine Verteidigungshaltung zu drängen, aus der heraus ihm nichts anderes übrigbleibt, als mit ,,gleichen Waffen'' zurückzuschlagen. In Kapitel I. haben wir die unterschiedlichen

Konfliktstile kennengelernt: Kampf-, Spiel- und Debatten-Stil. Die den Gegner verteufelnde Form der Auseinandersetzung entspricht der Kampf- und Spielvariante, die meistens zu einer Eskalation führt und an deren Ende es nur Gewinner und Verlierer gibt.

Eigene Betroffenheit und Emotionalität wird im Gewande der Überlegenheit kaschiert. Das kritisierende Eltern-Ich macht sich zum Anwalt eines verletzten Kind-Ich.

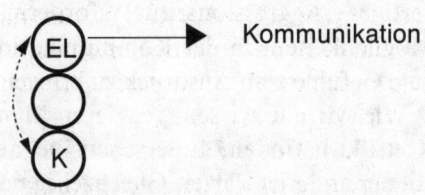

Die Aggressionsforschung hat zeigen können, daß unterdrückte Emotionen zu noch mehr Aggressivität führen und Konflikte eskalieren lassen. Ist es denn ein Widerspruch, eigene Betroffenheit und Emotionalität mit einem sachlichen Diskussionsstil zu verbinden? Nein, wenn man sich des Erwachsenen-Ich bedient und Gefühle in Form von Ich-Botschaften ausspricht.

- „Herr Meier, Ihr Vorwurf der bewußten Täuschung hat *mich* offen gestanden geärgert und enttäuscht. *Ich* möchte Sie bitten, *mit mir* den Vorfall noch einmal Punkt für Punkt durchzugehen, um zu sehen, wo *unsere* ersten Mißverständnisse aufgetreten sind."

- „Herr Krüger, an Ihre Behauptung kann *ich* nicht glauben. Bitte nennen Sie *mir* Beweise dafür!"

- „*Ich* habe hier ein paar Fakten zusammengetragen und möchte Sie dazu auffordern, daß *wir* darüber reden, wie *wir* diese gewichten wollen."

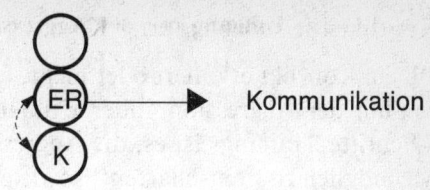

Kommunikation

Dieser Kommunikationsstil ist der „Ich bin"-Stil − er bringt zum Ausdruck: Ich bin verärgert, betroffen, wütend, ich bin trotzdem bereit, mich mit dir auseinanderzusetzen. Er gibt Informationen über eigene Befindlichkeiten und Emotionen. Hier macht sich das Erwachsenen-Ich, nicht das Eltern-Ich, zum Anwalt des Kind-Ich.

Als Konfliktstil entspricht er der Debatte und wird somit mehreren konfliktlösenden Funktionen zugleich gerecht:

− Er offenbart eigene Gefühle und Betroffenheit.
− Er bezieht die gegnerische Konfliktpartei in den Prozeß der Problemlösung mit ein, ohne sie zu verteufeln.
− Er verzichtet nicht auf die Wahrung eigener Interessen.

Eine Unterscheidung zwischen „konfliktlösendem" und „konfliktförderndem" Kommunikationsstil ließe sich auch folgendermaßen darstellen:

Konfliktlösender K-Stil	Konfliktfördernder K-Stil
spontan, täuschungsfrei	strategisch
beschreibend/informativ	bewertend
problemorientiert/kooperativ	kontrollierend/mißtrauisch
einfühlend, respektvoll	neutral, kühl, „überlegen"

Umgang mit der Aggression anderer

Ob ein Konflikt eskaliert oder nicht, hängt auch davon ab, wie wir mit der Aggression anderer umgehen. Ziel des folgenden 5-Schritte-Trainings ist es, die Aggression des anderen so früh wie möglich zu ,,entschärfen'' sowie auch eigene Betroffenheit zum Ausdruck zu bringen.

Einige Punkte haben wir im Zusammenhang mit der Streßbewältigung genannt. Denken Sie daran, daß eine Aggressionssituation im Grunde ganz ähnliche Bewältigungsmuster erforderlich macht. Die Schwierigkeit besteht allerdings darin, daß diese Bewältigungsmechanismen in kürzester Zeit ablaufen müssen.

Beispiel für eine Angriffssituation:

Wutentbrannter Chef: ,,Herr Göbel, wie kommen Sie eigentlich dazu, Ihren Wagen auf dem Besucher-Parkplatz abzustellen? Wußten Sie nicht, daß heute McGregor, unser bester Kunde, bei uns zu Gast ist?''

Herr Göbel (erregt): ,,Nein, wußt' ich nicht. Der Besucher-Parkplatz ist doch sonst immer frei.''

Chef: ,,Das geht Sie überhaupt nichts an. Der Besucher-Parkplatz ist für Besucher da. Sie haben doch Ihren eigenen.''

Herr Göbel: ,,Also, ich hatte sowieso nicht vor, dort lange zu parken.''

Chef (wird rot vor Wut): ,,Das ist mir völlig egal, wie lange Sie vorhatten, dort zu parken. Besucher-Parkplatz ist Besucher-Parkplatz!''

Herr Göbel: ,,Ja, aber . . . ''

Was macht Herr Göbel falsch? Vor lauter Erregung glaubt er, sich immer nur verteidigen zu müssen. Er denkt nicht eine Sekunde darüber nach, daß die Wut seines Chefs unter Umständen gerechtfertigt sein könnte. Die Verteidigungsargumente von Herrn Göbel bringen den Chef aber nur noch mehr in Rage. Herr Göbel wir immer unsicherer. Dieser Dialog könnte in einer ernsten Katastrophe enden. Beispielsweise, wenn Herr Göbel zu guter Letzt noch eine Angriffsposition einnehmen würde.

1. Schritt: Erregung unter Kontrolle bringen

- Atmen Sie tief durch.
- Ballen Sie die Fäuste.
- Spannen Sie Ihren ganzen Körper für kurze Zeit an, und lassen Sie die Spannung danach los.

2. Schritt: Zeit gewinnen durch Rückfragen
(Rückkopplung für Sie)

Fordern Sie den Angreifer in ruhigem Ton auf, seine Anschuldigungen zu präzisieren. Dadurch gewinnen Sie Zeit, um Ihre Erregung weiter abzubauen, und Sie bekommen Information über die Sichtweise des Angreifers.

Herr Göbel hätte fragen können: ,,Es stimmt. Ich habe meinen Wagen auf dem Besucher-Parkplatz geparkt. Aber erzählen Sie doch zuerst: Wie lief die Sache mit McGregor?''

3. Schritt: Ich-Botschaften

Will der Angreifer nicht auf Ihre Fragen eingehen und setzt er seine Angriffe fort, bringen Sie Ihre Gefühle in Form von Ich-Botschaften zum Ausdruck.

Eine Möglichkeit für Herrn Göbel, auf die fortgesetzten Angriffe seines Chefs zu reagieren, wäre zum Beispiel die folgende:

,,Ich verstehe, daß Sie vielleicht verärgert sind, aber ich bin ebenfalls unzufrieden, weil Sie mir noch immer nicht gesagt haben, was wirklich vorgefallen ist!''

4. Schritt: Ihre Sichtweise
(Rückkopplung für den anderen)

Bringen Sie – in ruhigem Ton – Ihre Sichtweise vor, und beziehen Sie gleichzeitig die Information, die Sie vom Angreifer erhalten haben, mit ein.

Herr Göbel: ,,Also, es ist richtig, ich habe auf dem Besucher-Parkplatz geparkt, weil ich hier schnell noch etwas mitnehmen und dann gleich weiterfahren wollte. Der Platz wird sofort wieder frei. Sie sind verärgert. Aber sie haben mir noch nicht gesagt, wie der Kunde darauf reagiert hat.''

5. Schritt: Abbruch, ,,Vertagung'' oder Klärung

Brechen Sie das Gespräch ab, wenn der Angreifer mit seinen Angriffen fortfährt und Ihnen keine weiteren ,,echten'' Informationen über die Hintergründe seines Ärgers geben will. Schlagen Sie vor, das Streitthema zu vertagen.

Herr Göbel: ,,Ich denke, es ist besser, wir reden ein andermal in Ruhe über die Sache.''

Ist der Angreifer nun bereit, das Thema an Ort und Stelle zu klären, zeigen Sie sich gesprächsbereit. Und was besonders wichtig ist: Finden Sie zu versöhnlichen Gesten (gemeinsames Essen, eine kleine Gefälligkeit, Fragen nach der Familie, gemeinsames Tennis-Spiel und dergleichen).

Übung: ,,Ärgerprotokoll"

Lernen Sie, Ihren täglichen kleinen und großen Ärger zu erkennen.
Lernen Sie, Ihren Ärger abzubauen, bevor er sich aufstaut.
(Hinweis: Sie können diese Seite mehrmals kopieren und somit Ihr
tägliches Ärgerprotokoll anfertigen.)

1. Was hat mich heute geärgert,
   verletzt, irritiert, verunsichert,
   gewurmt?

2. Was waren die dahinterlie-
   genden Gründe für meinen
   Ärger?

3. Wie habe ich reagiert? (Z.B.
   überhaupt nicht, Rückzug,
   Selbstvorwürfe, Anschuldigungen, Hund geschlagen.)

4. Wie will ich das nächstemal
   reagieren?
   (Schreiben Sie die gewünsch-
   ten Reaktionen auf. Stellen
   Sie sich Ihre Reaktionen bild-
   haft vor.)

5. Üben Sie eine der gewünsch-
   ten Reaktionen (z.B. ,,Nein"-
   sagen, Ich-Botschaften o.ä.)
   bewußt ein.

Zusammenfassung:
Hinweise für die betriebliche und private Praxis

Die moderne Aggressionsforschung hat viele Erkenntnisse zutage gefördert, die uns helfen können, mit Aggressionen besser umzugehen. Die wichtigsten Erkenntnisse sind:

- Aggressionen entstehen durch verhinderte Bedürfnisbefriedigung.
- Aggressionen können nicht dauerhaft verdrängt werden, sondern sie müssen – auf möglichst unschädlichem Weg – abgebaut werden.
- Überall dort, wo ein notwendiger Aggressionsabbau verhindert wird, entstehen unterschwellige Aggressionen und Konflikte, die kaum mehr lösbar sind.

Daraus ergeben sich folgende Leitlinien für die betriebliche und private Praxis:

Erregung unschädlich abbauen

Fäuste ballen, aufstampfen, mit der Faust auf den Tisch hauen, körperliche Anstrengung.

Gestehen Sie auch dem Konfliktgegner zu, daß er seine Erregung abbaut. Gestehen Sie ihm seine Aggressionen zu.

Eigene Bedürfnisse ausdrücken

Drücken Sie Ihre Bedürfnisse und Ihren Ärger, wenn Sie sich übergangen fühlen, rechtzeitig aus. Warten Sie nicht, bis Sie „objektive" Gründe für Ihre Rechtfertigung angesammelt haben. Sagen Sie offen und ehrlich, wenn Ihnen etwas nicht paßt.

Eigene Stimmungen erkennen

Erforschen Sie Ihre eigene Stimmungslage. Sind Sie zum Beispiel durch zuwenig Schlaf, Überarbeitung, Krach in der Familie schon vorher aggressiv erregt, so reden Sie darüber. Sagen

Sie, daß Sie im Moment aus diesen und jenen Gründen schlechtgelaunt sind, bevor man Ihr Verhalten falsch interpretiert.

Auslösende Reize neu bewerten

Denken Sie daran, daß es sich bei den Angriffen Ihres Konflikt-
gegners auch um instrumentelle oder verschobene Aggressionen
handeln kann, die ihrerseits von übergangenen Bedürfnissen her-
rühren.

Versuchen Sie daher, sein Verhalten als Appell (Hilferuf!) und
nicht auf der persönlichen Beziehungsebene zu verstehen. Wie
wir gesehen haben, entscheidet die innere Bewertung eines Reizes über die Bedeutungsfunktion und diese wiederum über die
Erregungsfunktion. Es ist daher wichtig, die Bewertung von potentiell aggressionsauslösenden Reizen zu überprüfen und gegebenenfalls zu verändern. Dies kann auf folgende Weise geschehen:

– *Überprüfung des eigenen Werte- und Bewertungssystems:* Warum reagiere ich auf bestimmte Reize aggressiv beziehungsweise erregt? Welche Werte und Bewertungen stehen hinter
  meinen Reaktionen?
– *Informationssuche:* Was veranlaßt mein Gegenüber sich so
  und nicht anders zu verhalten? Was sind seine Beweggründe
  für seine Provokationen, für seine schlechte Laune und so
  weiter?
– *Empathie:* Versuchen Sie, sich in den anderen hineinzuversetzen. Geben Sie Feedback über sein Verhalten, weshalb es
  Sie stört. Fordern Sie vom anderen Feedback: Was stört den
  anderen an mir?

Nicht als aggressives ,,Modell" dienen

Gerade für Vorgesetzte ist es wichtig, nicht durch unbeherrsch-
tes Auftreten für Ihre Mitarbeiter als aggressive ,,Modelle" zu
dienen. Auch sollten Vorgesetzte nicht etwa instrumentelles Ag-

gressionsverhalten (gewaltsame Durchsetzung von Zielen) bei ihren Mitarbeitern belohnen.

Zielerreichung

Versuchen Sie, subjektiv wichtige Ziele zu erreichen. Wer Ziele erreicht, hat selbst weniger Grund zu Aggressionen. Wer über ein starkes Selbstwertgefühl verfügt, neigt auch weniger dazu, potentiell aggressionsauslösende Reize überzubewerten.

Üben Sie sich in der ,,Kunst'' des fairen Streitens

Bemühen Sie sich zu spüren, daß Sie wütend sind. Machen Sie sich dabei aber auch klar, was die Wut mit Ihnen selbst zu tun hat. Seien Sie bereit, zu verzeihen und sich zu versöhnen.

Besonders wichtig ist, daß Sie eine gemeinsame emotionale Sprache finden. Wer dem anderen nur logisch kontert und womöglich dabei auch noch hintergründig lächelt, macht die wütende Person nur noch wütender. Zu einem richtigen Streitritual gehören daher gewisse Regeln:

- Nicht den wunden Punkt beim Gegner angreifen.
- Beide Seiten müssen ihre Wut ausdrücken können.
- Verwenden Sie Ich-Botschaften statt Du-Botschaften.
- Akzeptieren Sie den Gegner als Mensch – und beziehen Sie auch sein Kind-Ich mit ein.

IV. So meistern Sie Konflikte konstruktiv

,,Dieses (unser, Anm. d. Verf.) Denksystem hat uns in vielen Bereichen gute Dienste geleistet – mit Ausnahme des Bereichs der Konfliktlösung, wo es sich als total unbrauchbar erweist. Dies deshalb, weil das Denksystem (das auf der Logik der Sprache und dem Prinzip des Widerspruchs basiert) selbst die Methode des Konflikts enthält. Deshalb versuchen wir, Konfliktlösungen mit Konflikten zu erreichen."
Edward de Bono, ,,Konflikte – Neue Lösungsmodelle und Strategien"

Worum es in diesem Kapitel geht

In diesem Kapitel wird das Thema Konflikt von einer etwas höheren Warte, sozusagen vom Feldherrnhügel aus betrachtet.

Sie werden erfahren, daß Konflikte und Aggressionen auch positive Funktionen haben, und werden lernen, was man in einem Unternehmen tun kann, um unnötige Konflikte zu vermeiden.

Die zentrale Frage, mit der wir uns beschäftigen wollen, lautet: Was ist eine problemorientierte, kreative Konfliktlösung? Hierzu ein paar Grundthesen:

– Um Konflikte kreativ lösen zu können, müssen Sie sich von einigen liebgewonnenen Denktraditionen verabschieden.

– Kreative Konfliktlösung bedeutet auch, daß Sie den Konflikt als ein Problem, das beide Seiten betrifft, auffassen müssen, für das die Lösung erst noch gefunden werden muß.

– Die Konfliktparteien müssen in die Lage versetzt werden, sich und den Konflikt quasi ,,von außen" zu betrachten.

– Da die Konfliktparteien dazu meist nicht selbst in der Lage sind, bedarf es der Rolle einer dritten Partei.

Der dritten Partei bedarf es auch, um Konflikte in Mitarbeitergruppen erfolgreich zu moderieren. Eine ,,Gebrauchsanleitung" zur Konfliktmoderation finden Sie am Ende des Kapitels.

Haben Konflikte und Aggressionen auch positive Funktionen?

Bevor Sie nun weiterlesen, überlegen Sie sich bitte einige Minuten, welche Antworten Ihnen zu folgender Frage einfallen: „Welche positiven Funktionen haben Konflikte und Aggressionen möglicherweise?"

Übung: „Positive Funktionen von Konflikten und Aggressionen"

1. _____

   _____

2. _____

   _____

   _____

3. _____

   _____

Bisher haben wir uns mehr oder weniger mit den negativen Auswirkungen von zwischenmenschlichen Konflikten und Aggressionen beschäftigt. Wie wir gesehen haben, führen sie:

– zu inneren Spannungen
– beeinträchtigen die zwischenmenschlichen Beziehungen
– verhindern Lösungen auf der Sachebene

Die Frage, ob Konflikte und Aggressionen auch positive Funktionen haben, wurde bisher noch nicht gestellt. Sie gehört aber ebenfalls hierher. Tatsächlich haben Konflikte und Aggressionen, was oft übersehen wird, auch positive Konsequenzen, unter der Voraussetzung allerdings, daß sie offen und nicht versteckt ausgetragen werden.

Durch das Äußern von Aggressionen werden oft erstmals die

dahinterstehenden Bedürfnisse und Gefühle bewußt. Aggressionen helfen manchmal auch, Beziehungen und Standpunkte zu klären und psychologische Spiele zu beenden.

Konflikte (Zielkonflikte) können zu der Erkenntnis führen, daß persönliche oder betriebliche Ziele zu hochgeschraubt, irrelevant oder einfach gar nicht erreichbar sind. Wenn sich ein Unternehmen zum Beispiel aus falschem Ehrgeiz zum Ziel setzt, auch Produkte auf den Markt zu bringen, für die ihm das notwendige „Know-how" oder die entsprechenden Vertriebsmöglichkeiten fehlen, so kann sich diese Entscheidung katastrophal auswirken. Das gleiche kann einem Mitarbeiter passieren, der auf Biegen und Brechen eine Position anstrebt, für die er nicht genügend qualifiziert ist.

Konflikte haben eine positive Wirkung, wenn sie dazu führen, daß die Betreffenden erkennen, daß ihre bislang nicht hinterfragten Rollen und Wertesysteme sie selbst und andere in ihrer Handlungsfreiheit behindern.

Wenn Verteilungskonflikte zu der Einsicht führen, daß Verteilungen ungerecht, ja unwirtschaftlich sind, und dem bloßen Statusdenken einiger weniger entgegenkommen, so wird es langfristig zu einem gerechteren und produktiveren Ausgleich kommen.

Schließlich können offen ausgetragene Konflikte und Aggressionen dazu führen, daß ein Umdenken stattfindet, daß Erstarrungen aufgelöst und daß mitunter sogar überfällige Strukturen zum Wohle aller neu organisiert werden.

Konflikte und Aggressionen sind also manchmal der schmerzliche Weg zu mehr Selbsterkenntnis, innerer Befreiung, Handlungsfreiheit, Spaß, Erfolg und zur Auflösung von Mißständen.

Wie können Konflikte im Unternehmen vermieden werden?

In einem Betrieb können sicherlich nicht sämtliche Konflikte vermieden werden. Das wäre auch nicht wünschenswert, da einheitliche Werthaltungen, Einschätzungen, Wahrnehmungen und

Verhaltensweisen – sofern überhaupt möglich – den absoluten Stillstand eines Unternehmens bedeuten würden. Um dennoch vermeidbaren Konflikten vorzubeugen, kann die Betriebsführung eine Reihe von Maßnahmen treffen. Dazu gehören vor allem die folgenden drei Ebenen:

- Unternehmensphilosophie
- Führungsstile
- organisatorische Maßnahmen

Unternehmensphilosophie

Im Zuge der Formulierung einer Unternehmensphilosophie wäre zu überlegen, ob nicht gerade eine gewisse Konfliktfähigkeit bei den Mitarbeitern gefördert werden sollte. Überstarke Anpassung und normativer Druck führen zu einer Unterdrückung von Konflikten, aber keineswegs zu einer Entschärfung ihrer explosiven Sprengkraft. Die Möglichkeit zur offenen Austragung von Konflikten setzt dagegen offene Strukturen, kreative Vielfalt, Kritik und Widerspruch voraus. Ein solches Konzept könnte beispielsweise von der Frage ausgehen: ,,Wie schaffe ich eine positive Streitkultur?''

Führungsstile

Führungskräfte spielen bei der Entstehung von Konflikten eine Schlüsselrolle. Das Betriebsklima wird bekanntlich mehr von ,,oben'' als von ,,unten'' bestimmt. Man unterscheidet im allgemeinen drei grundlegende Führungsstile:

Der *autoritär/Ich-bezogene Führungsstil* ist dadurch gekennzeichnet, daß Entscheidungen ohne das Mitwirken der Gruppenmitglieder getroffen werden. Dahinter verbergen sich oft Mißtrauen und die Angst vor Neuerungen. Widerspruch, Opposition und gruppeninterne Konflikte werden in der Regel unterdrückt. Dadurch werden zugleich auch die produktiven Möglichkeiten von Konflikten unterminiert. Autoritäre Führungssysteme sind daher von Erstarrung bedroht und von einer wachsenden Unzufriedenheit der Gruppenmitglieder, wenn ihre vitalen Bedürfnisse nicht mehr befriedigt werden.

Laissez-faire-Stil: Dahinter steht meist die Angst vor Verantwortung und vor Entscheidungen, manchmal auch ein schwaches SWG. Der Laissez-faire-Stil läßt zwar jeglicher Form der Konfliktaustragung breiten Raum, schafft aber neue Konflikte dadurch, daß er nicht in der Lage ist, das anfallende Konfliktpotential durch Führungsangebote und geeignete Strukturen in konstruktive Bahnen zu lenken.

Der *demokratisch/kooperative und bedürfnisorientierte Führungsstil* orientiert sich sowohl an der Sach- als auch an der Beziehungsebene und ist daher am ehesten in der Lage, das innovative Potential von Konflikten zu nutzen.

Die folgenden Auswirkungen dieser Führungsstile auf das Gruppenverhalten wurden in einer frühen Untersuchung von Lippitt und White in den Jahren 1939/40 festgestellt, und sind von späteren Forschungsergebnissen immer wieder bestätigt worden:

Der autoritäre Führungsstil führte zu einer abhängigen und passiven Haltung der Gruppenmitglieder.

In sowohl autoritärer als auch permissiver Laissez-faire-Atmosphäre zeigte sich ein hohes Maß an Spannungen und Aggressionen. Diese trugen in der Laissez-faire-Situation meist zu einem inneren Chaos bei. In der autoritären Situation richteten die Aggressionen sich entweder gegen den Führer oder gegen fremde Gruppen.

In den demokratisch/kooperativ geführten Gruppen fand sich die größere Bereitschaft, Aggressionen gegen Außenstehende zu vermeiden und durch Kontaktaufnahme und Diskussionen zu einer kooperativen Lösung zu kommen.

Übrigens: Unzufriedenheit, die durch das Fehlen von Fortschritten in der Laissez-faire-Situation entstand, führte zwar zu einer Vielzahl von Ideen und Vorschlägen, aber im Gegensatz zur demokratisch geführten Gruppe wurden diese Vorschläge nur selten verwirklicht, weil die sozialen Techniken für Gruppenentscheidungen und eine kooperative Planung fehlten.

Auch auf organisatorischer Ebene kann viel zur Konfliktvermeidung beigetragen werden:

Was tun bei Ziel-, Beurteilungs- und Rollenkonflikten?

Exakte Arbeitsbeschreibungen: Ziel- und Rollenkonflikte kommen häufig dadurch zustande, daß die Mitarbeiter über keine ausreichenden Arbeitsbeschreibungen verfügen (siehe Fall „Berger"). Kompetenzüberschreitungen und Rollenunsicherheit sind daher oft die Folge. Arbeitsbeschreibungen werden am besten in schriftlicher Form fixiert.

Informationssysteme: Zentrale Bedeutung zur Vermeidung von Ziel- und Beurteilungskonflikten hat ein funktionierender horizontaler (auf der gleichen Ebene verlaufender) und vertikaler (von oben nach unten und von unten nach oben gerichteter) Informationsfluß. Mitarbeiter sollten rechtzeitig erfahren, welche Entscheidungen, die sie betreffen, auf höchster Ebene getroffen werden. Wenn erst einmal die Gerüchteküche am Kochen ist, sind Mißverständnissen und Fehlinterpretationen Tür und Tor geöffnet. Dasselbe gilt natürlich auch für Projektarbeiten: Auch hier sollten die Betroffenen auf den gleichen Informationsstand gebracht werden. Schließlich muß auch die Firmenspitze darüber informiert sein, was sich an der Basis tut.

Abgestimmte Rollensysteme: Für Mitarbeiter ist es wichtig zu wissen, für welche Rollen sie in Frage kommen (etwa bei Repräsentationsaufgaben) und für welche nicht.

Partizipations- und Entscheidungssysteme: Die Möglichkeit, über eigene und betriebliche Belange mitzuentscheiden, ist eine wichtige Voraussetzung für den Bedürfnisaustausch und letztlich für die Zufriedenheit der Mitarbeiter.

Dazu gehört zum Beispiel auch ein gut funktionierendes Vorschlagswesen.

Auf Kooperation ausgerichtete Belohnungssysteme: Die einseitige Ausrichtung auf individuellen Wettbewerb innerhalb eines Betriebs ist gefährlich, da dadurch menschliche Ressourcen in kürzester Zeit verschleißen. Zum anderen ist heute Teamwork mehr denn je gefragt. Sinnvolle Belohnungssysteme, die auf Kooperation ausgerichtet sind, erhöhen dagegen die Motivation sowohl des einzelnen als auch die der Gruppe. Dadurch werden auch Neid und Beziehungskonflikte verhindert.

Was tun bei Verteilungskonflikten?

Verteilungskonflikte lassen sich in einem Betrieb am besten dadurch vermeiden, daß man Klarheit (am besten in schriftlicher Form) über die folgenden Punkte schafft:

− Transparenz und Akzeptanz der Mittelverteilung
− klare Abmachungen und Zeitpläne über die Mittelnutzung
− Transparenz über etwaige Vorrangigkeit bei Mittelverteilung und -nutzung
− Transparenz über die Beförderungs- und Vergütungssysteme

Was tun bei Beziehungskonflikten?

Schaffung eines gesunden Betriebsklimas: Wie wir gesehen haben, lebt ein gesundes Betriebsklima vom lebhaften Bedürfnisaustausch der Mitarbeiter untereinander. Dies erfordert Strukturen, die ein Klima von Offenheit und Vertrauen vermitteln. Ebenso von Bedeutung ist die Möglichkeit, Konflikte und Aggressionen, ohne Angst vor Sanktionen, offen austragen zu können.

Regelmäßige Mitarbeiterbesprechungen: Wenn Mitarbeiterbesprechungen nicht nur der Sachebene dienen, sondern auch Probleme der Beziehungsebene beinhalten, können sie ein wichtiges Barometer und Regulativ für das Betriebsklima sein.

Unabhängige Schlichtungsinstanzen: Bei aller Offenheit und beim besten Betriebsklima kann es vorkommen, daß Mitarbeiter in Konflikt- oder Problemfällen dennoch lieber eine unabhängige und anonyme Instanz in Anspruch nehmen wollen. In solchen Fällen können ein Betriebspsychologe oder die Einrichtung eines „Sorgentelefons" die richtige Antwort sein. Unabhängige Ansprechpartner tragen somit auch zur inneren Sicherheit der Mitarbeiter bei.

Sozialbetreuerische Dienste: Auch das familiäre Umfeld trägt dazu bei, ob sich ein Mitarbeiter an seinem Arbeitsplatz wohlfühlt oder nicht. In Großbetrieben werden daher vielfach sozialbetreuerische Dienste (durch Sozialpädagogen) angeboten. In kleineren Betrieben sollte sich auch einmal der Chef selbst um die sozialen und familiären Belange seiner Mitarbeiter kümmern.

Was ist problemorientierte Konfliktbewältigung?

„Altes" und „neues" Konfliktdenken

Wie wir gesehen haben, bestimmen die Einstellungen der Konflikt-Parteien zum Konflikt den weiteren Konfliktverlauf. Wir haben auch gesehen, daß auf einer höheren Eskalationsstufe die Realität verzerrt wahrgenommen wird und die Gefahr besteht, daß die Konfliktparteien mehr und mehr zu Kampfmaßnahmen neigen. Darüber hinaus bringt es die Dynamik der Eskalation mit sich, daß sich Sach- und Beziehungsebene immer mehr miteinander vermischen.

Bei Tarifauseinandersetzungen ist es ja häufig so, daß eine Seite einen Sach-Vorschlag macht, der hinter den Forderungen der anderen Partei zurückbleibt. Das führt dazu, daß ihr eine Poker-Strategie unterstellt wird, die bei der anderen Seite Mißtrauen und das Gefühl der Bedrohung auslöst und somit die Beziehungsebene verschlechtert.

Was die Lösung von Konflikten erschwert, ist die Neigung, aus Angst vor Gesichtsverlust Beziehungskonflikte auf einer Sachebene auszutragen und umgekehrt. Es wird somit etwas Unmögliches versucht, nämlich Irrationales (Gefühle, Betroffenheit) zu rationalisieren und dem Gegner mit „logischen" Argumenten beizukommen.

Was dabei herauskommt, wenn sich zwei Politiker, die unterschiedlichen Parteien angehören und sich zudem aus persönlichen Gründen nicht besonders freundlich gesinnt sind, über Sachfragen diskutieren, wissen wir alle. Nämlich so gut wie nichts.

Edward De Bono hat darauf hingewiesen, daß diese Art der Konfliktlösung eng mit unserer abendländischen Denktradition verbunden ist.

Diesem Denken liegen die drei folgenden Theoreme (= nicht weiter überprüfte Grundannahmen) zugrunde:

1. Die Theorie von der objektiven Wahrheit (sie impliziert, daß es in jedem Fall ein Richtig und ein Falsch gibt).
2. Die Theorie von Ursache und Wirkung (sie impliziert, daß sich jede Wirkung auf eine oder wenige Ursachen zurückführen läßt).
3. Die Theorie von der Logik und dem Prinzip des Widerspruchs als objektive Erkenntnisquelle (sie impliziert, daß sich jedes Problem logisch begründen und lösen läßt).

Diese drei Säulen unseres rationalen Denkens und (Ver-)Handelns sind aber in jüngster Zeit durch neuere wissenschaftliche Erkenntnisse gründlich erschüttert worden:

Das Theorem von der objektiven Wahrheit wurde durch die Erkenntnis erschüttert (beispielsweise in der Teilchenphysik), daß Objektivität im strengeren Sinn gar nicht möglich sind, da der Vorgang des Messens das zu Messende gleichzeitig verändert.

Das Theorem von Ursache und Wirkung wurde durch die Entdeckung in Frage gestellt, daß wir es in der Natur (und beim menschlichen Verhalten) nicht mit linearen Ursache- und Wirkungszusammenhängen, sondern mit vernetzten und dynamischen Systemen zu tun haben, für die das Prinzip der Rückkopplung gilt (Beispiel: Waldsterben).

Das Theorem von der Logik als objektive Erkenntnisquelle schließlich geriet durch den Nachweis ins Wanken, daß die entscheidenden wissenschaftlichen Fortschritte weniger durch deduktive Logik, sondern durch Intuition, kreatives, divergentes

Denken oder manchmal auch nur durch bloßen Zufall zustande gekommen sind.

Übrigens: Noch im vergangenen Jahrhundert haben führende Mathematiker „bewiesen", daß der Bau einer Flugmaschine unmöglich sei − nach dem damaligen Kenntnisstand eine logische Schlußfolgerung. Den Gebrüdern Wright gelang es jedoch, durch die kreative Anwendung derselben Kenntnisse einen flugfähigen Apparat zu entwickeln.

Die „alten" Theoreme bestimmen aber immer noch unser Konfliktdenken und die Art, wie wir versuchen, Konflikte zu lösen. Meist geht es nur darum, den größtmöglichen Vorteil aus einer Sache herauszuschlagen, sich bestenfalls auf einen Kompromiß zu einigen. Im Vorteil ist der, der über die bessere Rhetorik und über die größeren Machtmittel verfügt. Wie sich leicht nachweisen läßt, arbeitet die Rhetorik vordergründig mit „Beweisen" und „Argumenten" − sie bedient sich der „alten" Theoreme. Sie ist jedoch weder ein Instrument zur Konfliktlösung noch zur Wahrheitsfindung. Sie findet vielmehr dort intensive Verwendung, wo es darum geht, eigene Ziele, Meinungen und Ideen durchzusetzen und gleichzeitig die dahinterstehenden Absichten zu verbergen.

Von einem schillernden Vertreter der politischen Rhetorik des 18. Jahrhunderts, dem „Ehrenwerten William Gerard Hamilton, Geheimer Rat Seiner Britischen Majestät und Schatzkanzler in Irland" (1729 − 1796) stammen die folgenden Aphorismen − zugleich Ratschläge, wie man seine politischen Gegner hinters Licht führt:

„Man hüte sich, Dinge zu sagen, die einem klaren Kopf − oder gar einem Wortkünstler − Angriffsflächen bieten."

„Vergegenwärtige dir, welche Teile deiner Beweisführung am wahrscheinlichsten angegriffen werden, und halte zusätzliche Argumente zur Abwehr bereit. Es kann auch klug sein, sich dann und wann eine Blöße zu geben, damit man Gelegenheit bekommt, seine Thesen wieder zu verteidigen."

„Ein Verfahren für die Entgegnung: Schmähe und schmälere etwas (aber mit einer gewissen Vorsicht), von dem du sicher bist, daß es aufgegriffen wird, und auf dessen Verteidigung du dich eingerichtet hast."

„Sprechen die Fakten für dich, trenne sie von den Gründen, sprechen sie gegen dich, vermische beides."

Dies sind natürlich extreme Beispiele – sozusagen aus dem „Giftschrank" der Rhetorik –, die nicht die „Redekunst" als solche verunglimpfen sollen. Dennoch manifestiert sich auch im sogenannten ernsthaften Diskutieren und Verhandeln ein Konfliktdenken, das bis in die Antike zurückreicht. Seien wir uns jedoch bewußt, daß diese Art des Konfliktdenkens Konflikte nicht wirklich lösen kann. Halten wir uns auch vor Augen, daß diese Art der Konfliktlösung auf einer abendländischen Denktradition beruht, die von anderen Kulturen nicht geteilt wird.

Als sich vor wenigen Jahren im kanadischen Labrador der Widerstand der dort ansässigen Indianer gegen die Existenz einer NATO-Luftwaffen-Basis und die umliegenden Tieffluggebiete formierte, kam es im Zuge der Auseinandersetzungen zu einem Treffen zwischen Indianer-Vertretern und dem kanadischen Minister für Indianerfragen. Die dann ablaufende Diskussion zeigte deutlich den fundamentalen Unterschied zwischen westlichem und dem gefühlsmäßigen, „naiven" Konfliktdenken der Indianer. Der Minister forderte die Indianer auf, eine Kompromißformel über die Nutzung der Tieffluggebiete zu akzeptieren. Daneben stellte er finanzielle Entschädigungen in Aussicht. Die Vertreter der Indianerstämme sprachen mit keinem Wort von Kompromissen – diese Art des Denkens scheint ihnen fremd zu sein –, sondern von ihrer Trauer und dem Leid, das der Westen der Natur in ihrem Lebensraum zufügt.

Dieses Beispiel zeigt auch, daß Konflikte nicht einfach durch Kompromißformeln, Abfindungen, Entschädigungsleistungen gelöst werden können, wenn die Gefühlsebene involviert ist. (Und wo ist sie es nicht!?) Darin liegt ein grundlegendes Mißverständnis und oft genug der Ausgangspunkt für neue Konflikte.

Das wäre, überspitzt formuliert, etwa so, als würde man einer Mutter ihr Kind rauben und dann mit ihr über zu bezahlende Besuchszeiten verhandeln wollen.

„Altes" Konfliktdenken	„Neues" Konfliktdenken
Konflikte sind störend, überflüssig und hemmen den normalen Ablauf.	Konflikte sind unvermeidbar; sie stellen notwendige Übergangsstadien bei Anpassungs- und Entwicklungsprozessen dar.
Konflikte haben ihre konkreten Ursachen, die es auszumachen und zu eliminieren gilt.	Konflikte haben meist mehrere, miteinander vernetzte Ursachen. Die Analyse der Ursachen muß von allen Konfliktparteien getragen werden. Sie darf sich nicht in der Suche nach dem „Sündenbock" erschöpfen.
Konflikte lassen sich mit logischen und analytischen Mitteln lösen.	Für die Lösung von Konflikten bedarf es sowohl des analytischen als auch des intuitiven und kreativen Vorgehens.
In jedem Konflikt gibt es Gewinner und Verlierer.	Eine Partei kann keinen Konflikt gewinnen, da er weiterhin wirksam ist. Gewinnmöglichkeiten liegen für beide Seiten vor, wenn Lösungsversuche sowohl auf der Sachebene als auch auf der Beziehungsebene zu befriedigenden Resultaten führen.

Gewiß: Ein Kompromiß kann das Ergebnis eines problemorientierten Konfliktlösungsprozesses sein. „Altes" Konfliktdenken heißt jedoch von vornherein auf einen Kompromiß zuzusteuern, ohne daß Alternativen in Betracht gezogen werden.

Kreative Konfliktlösung hat dagegen weniger etwas mit der Reparatur einer defekten Maschine gemeinsam als mit der Neukonstruktion einer besseren. Konstruktive Konfliktlösungen orientieren sich am Prinzip des Bedürfnisausgleichs. Wer immer nur die eigenen Bedürfnisse durchsetzen will, frustriert zugleich die der anderen. Eine Konfliktlösung ist daher um so besser, je mehr Bedürfnisse unter einen Hut gebracht werden können.

Ziel einer kreativen Konfliktlösung ist weniger der Kompromiß als der Konsens.

Lassen Sie mich auf den grundlegenden Unterschied im Wortsinn der beiden Begriffe aufmerksam machen: Das Wort Kompromiß hat ursprünglich eine Doppelbedeutung. Es heißt wörtlich übersetzt „etwas zusammenwerfen", also einmal in dem Sinne, daß jeder etwas abgibt, das auf einen gemeinsamen Haufen geworfen wird. Es bedeutet aber auch „etwas zerstören" (jemanden kompromittieren bedeutet, sein Selbstbild zerstören, kaputtwerfen). Das Wort Konsens könnte man mit „einer Meinung sein" übersetzen. Wörtlich bedeutet es aber noch mehr, nämlich: dieselbe Sinneserfahrung teilen, dieselbe Wahrnehmung machen.

Auf der nächsten Seite finden Sie Unterschiede zwischen destruktiven und konstruktiven Konfliktlösungen:

Destruktiv	Konstruktiv
Ziele:	*Ziele:*
Erfolg Sieg Überlegenheit	Erfolg Zusammenarbeit Interessenausgleich
Einstellungen/Wahrneh- mungen:	*Einstellungen/Wahrneh- mungen:*
Vorurteile negatives Fehlurteile Dominanz des Trennenden	– positive Fehlurteile Dominanz des Verbindenden
Kommunikation/ Verhaltensweisen:	*Kommunikation/ Verhaltensweisen:*
Kommunikation reduziert Täuschung/Drohung Verteidigung/Angriff	Kommunikation erweitert offene Kommunikation Suche nach Lösungen
Konsequenzen:	*Konsequenzen:*
Dominanz der Störungen	Reduktion der Störungen durch Offenlegung
Verdrängung/Projektion Streßerzeugung Reduktion der Alternativen erzwungene soziale An- passung	– Streßreduktion Erweiterung der Alternativen verminderter sozialer Druck
	Raum für kreative Lösungen
Zeitperspektive:	*Zeitperspektive:*
kurzfristig	langfristig

Kreative Konfliktlösung und die Rolle der dritten Partei

Was wir deshalb brauchen, ist eine kreative Methode der Konfliktlösung. Fest steht aber auch, daß die Konfliktparteien – vor allem, wenn der Konflikt eskaliert ist – am wenigsten in der Lage sind, eine solche Methode anzuwenden, da sie:

– von vornherein auf bestimmte Lösungen fixiert sind
– meist im ,,alten" Denken verhaftet sind
– oft nicht anders ,,können", weil sie ja in ihren Wahrnehmungen eingeschränkt sind und weil sie ihre rationalen Denkfunktionen in erster Linie zur Absicherung ihres Ichs verwenden

Es bedarf daher einer dritten Partei. Diese ist aber kein Schiedsrichter, Schlichter oder bloßer Vermittler, sondern ein aktiver und kreativer Gestalter des Konfliktlösungsprozesses.

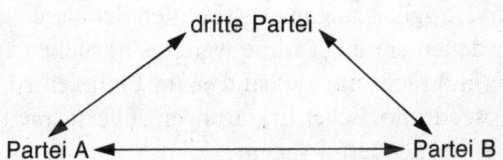

Wie sieht eine kreative Konfliktlösung aus? Stellen wir uns die folgende Situation vor: Einige Kinder (Anja, Bernd, Christine und Dirk) spielen das Angel-Spiel, das Sie vermutlich aus Ihren eigenen Kindertagen her kennen. In einem Kasten befinden sich mit Metallknöpfen versehene Plastikfische, die mit an Angeln befestigten Magneten herausgefischt werden sollen. Nun ziehen die Kinder gleichzeitig an ihren Angeln. Diese haben sich jedoch verheddert. Nur an einer Angel hängt ein Fisch. Die Kinder streiten sich darüber, wem der Fisch gehört.

1. Schritt: Für Beruhigung sorgen

Je stärker jedes Kind an seiner Angel zieht, desto schwieriger wird es, das Knäuel von Angelschnüren zu entwirren.

Hier wird auch einsichtig, daß es dazu eines neutralen Dritten bedarf, da die Konfliktbeteiligten in ihrer Erregung und in ihrem Rechthabenwollen mit dem Entflechten der Ursachen wahrscheinlich überfordert wären.

Der erste Schritt besteht also darin, Ruhe einkehren zu lassen.

2. Schritt: Den Konflikt von hinten „aufrollen"

Die eine Methode, das Knäuel aufzulösen, sie wäre allerdings die unökonomischste, bestünde darin, von jedem einzelnen Kind ausgehend die Angelschnüre bis zum Ende zurückzuverfolgen. Die bessere Methode ist jedoch die, vom Fisch auszugehen.

Mit anderen Worten, der Konflikt muß von hinten „aufgerollt" werden. Es wäre falsch, zu Beginn die zentralen und aktuellen Konfliktpunkte zum Gegenstand einer Diskussion zu machen, da wir davon ausgehen müssen, daß die Konfliktparteien aufgrund ihrer eingeschränkten Wahrnehmung und rückwärtsgewandten „Logik" zu ganz bestimmten Schlüssen gekommen sind, von denen sie nicht ohne weiteres abrücken wollen.

Kinder (und nicht nur sie) sind ja im Erfinden rückwärtsgewandter (pseudo-)logischer Erklärungen äußerst spitzfindig. Beispielsweise würde Bernd sagen:

„Ich habe meine Angel zuerst im Becken gehabt. Der Fisch gehört also mir!"

Darauf Anja: „Dirk hat mich behindert, deshalb gehört der Fisch mir!"

Christine: „Ich habe den Fisch zuerst an der Angel gehabt. Dann haben alle auf einmal gezogen, dadurch habe ich ihn wieder verloren!"

Der zentrale Konfliktpunkt „Wem gehört der Fisch?" kann also zu Beginn keine Rolle spielen.

3. Schritt: Herstellung von Empathie

Fassen wir noch einmal zusammen, was wir über den psychophysiologischen Mechanismus des Konflikts und der Aggression gesagt haben:

- Die Konfliktparteien fühlen sich durch die jeweils andere bedroht und in ihrer Handlungsfähigkeit eingeschränkt.
- Die Ursache für das Gefühl der Bedrohung (und der damit verbundenen Streßreaktionen) wird nach dem Verursacherprinzip der anderen Partei zugeschrieben, selbst wenn diese unschuldig ist.
- Es schwindet die Empathie. Wenn es am Anfang noch eine Trennung zwischen Sach- und Beziehungsebene gab, vermischen sich nun beide Ebenen: Die andere Partei ist das „Problem".

Es ist daher wichtig zu zeigen, daß es ein Sachproblem und ein Beziehungsproblem gibt. Sach- und Beziehungsebene müssen zunächst entflochten werden.

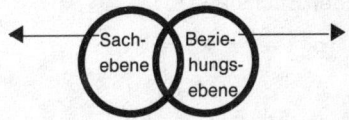

Empathie setzt Informationen über die Beweggründe der anderen Partei voraus. Wenn eine Partei beispielsweise erkennt, daß Sachzwänge die andere Seite dazu bewogen haben, sich so und nicht anders zu verhalten, so wirkt sich dies spannungslösend aus. Empathie, die Bereitschaft, sich dem anderen menschlich zuzuwenden, wird wieder möglich.

4. Schritt: In Frage stellen

Sinnvoller ist es also, am Anfang an untergeordneten Konfliktpunkten anzusetzen, bei denen noch am ehesten ein Konsens möglich ist. Die Parteien müssen zu einer Distanzierung zu sich selbst und zu ihren Sichtweisen finden können.

Dazu dienen alle Möglichkeiten kreativen Denkens, so zum Beispiel Provokation, Phantasiereisen, Rollenspiele oder Feedback-Übungen. (Im nächsten Abschnitt werden einige solcher Kreativ-Methoden eingehender besprochen.)

Hilfreich kann es auch sein, das Problem in einen neuen Bezugsrahmen zu stellen: Eine Hausfrau beschwert sich bei ihrem Therapeuten über den Mangel an Beachtung und Anerkennung durch ihre Familienmitglieder. Als Beweis erwähnt sie die schmutzigen Fußabdrücke, die diese auf ihrem schönen neuen Teppichboden zu hinterlassen pflegen. Darauf antwortet der Therapeut: ,,Wie würde es Ihnen denn ergehen, wenn Sie die Fußstapfen auf Ihrem Teppich nie mehr zu sehen bekämen?'' Die Frau war verblüfft. Mit einem Schlag wurde ihr bewußt, daß Fußstapfen auf dem Teppich auch so etwas wie Beachtung sein können. Sie können ja durchaus bedeuten: ,,Wir brauchen dich. Was würden wir ohne dich tun?''

Übung: Ziffer oder Buchstabe?

```
3  2
2  1
1  O  V  E
2  1
3  2
```

Ist ,,O'' eine Ziffer oder ein Buchstabe?
Das kommt auf den Blickwinkel an. Wenn Sie die beiden Buchstaben V und E mit dem Finger abdecken, so wird ,,O'' zur Ziffer, sonst wird es als ein Buchstabe des Wortes ,,Love'' wahrgenommen.
Warum ist das so? Einfach deshalb: Die Phänomene werden aufgrund ihres Umfeldes bzw. Bezugsrahmens wahrgenommen (eine Erkenntnis der Gestalt-Theorie).

Wenn zwei unterschiedliche Denk- und Lebensstile aufeinanderstoßen, zum Beispiel ,,kreativer Chaot'' – ,,penibler Ordnungsfanatiker'', so könnte die dritte Partei die Frage stellen: ,,Gibt es eine Möglichkeit, mit der kreatives Chaos und Ordnungssinn zu einem besseren Ganzen verschmelzen können?''

5. Schritt: Der Blick über den Tellerrand

Wenn es gelingt, die Konfliktbeteiligten vorsichtig von der Einseitigkeit ihrer Wahrnehmungen, Sichtweisen und Verhaltensweisen zu überzeugen, so hat das meist den folgenden Effekt: Es entsteht ein inneres Bedürfnis, mehr von der anderen Partei und deren Sichtweisen zu erfahren, Widersprüchlichkeiten zu klären, neue Fragen und Thesen zu formulieren, den Wunsch nach Veränderung auch tatsächlich voranzutreiben.

Ist diese Distanzierung erst einmal erfolgt, sind die Parteien in der Lage, den Konflikt von einer höheren Warte aus und in übergeordneten Zusammenhängen (Vernetzungen) zu sehen.

Man kann Kindern zum Beispiel durchaus klar machen, daß:

- alle weniger Fische fangen, wenn man sich gegenseitig behindert
- jemand Magenschmerzen bekommen wird, wenn er alle gefangenen Fische alleine verzehrt
- es keine Fische mehr geben wird, die man fangen und danach essen könnte, wenn man das Becken leerfischt
- der Gewinner alle anderen Kinder zum großen ,,Fischessen'' einladen könnte
- zum Spiel gewisse Regeln gehören
- es vielleicht andere Spiele gibt, die mehr Spaß machen usw.

Gegensätze		Kombination
Ordnung	– Chaos	„Chaos mit Ordnung"
Verschwendung	– Sparsamkeit	Sparen, um sich's gut gehen lassen zu können
Faulheit	– Fleiß	Effizienz: mit weniger Einsatz mehr erreichen
Raucher	– Nichtraucher	raucherfreie Zone
Konflikt	– „Friedhofsruhe"	innovative Streitkultur

Übung: „Aufhebung der Gegensätze"

Versuchen Sie, ähnlich wie im Beispiel oben, die folgenden Gegensätze zu verbinden:

Gegensätze		Kombination
1. Produktion	– Umwelt	_____
2. Arbeit	– Kapital	_____
3. Theorie	– Praxis	_____
4. Sieg	– Niederlage	_____

Kreativ-Methoden zur Konfliktlösung

Konflikte können nicht allein durch analytisch-rationale Methoden gelöst werden. Es geht neben der Sache ja immer auch um Gefühle, Einstellungen, Wahrnehmungen, also um rational nicht begründbare Einflüsse. Die Aufgabe der dritten Partei ist es somit auch, imaginative, kreative und inspirative Prozesse in Gang zu setzen. Im folgenden seien einige solcher Methoden dargestellt. Vorab sei auch darauf hingewiesen, daß sich nicht jede dieser Methoden für jede Eskalationsstufe eignet.

Bildermachen

Die Konfliktparteien werden zu Beginn des Lösungsprozesses vom Moderator dazu aufgefordert, jede für sich ein Bild vom Konflikt zu malen oder eine Collage herzustellen. Dafür werden Packpapierbögen und Malutensilien bereitgestellt.

Im Anschluß daran stellen beide Parteien ihr Werk vor und antworten auf Fragen der Gegenpartei.

Alternativ dazu erfinden beide Seiten eine Geschichte, ein Märchen, eine Sage, in der beispielsweise die konfliktbeteiligten Personen als Sagen- oder Märchengestalten auftreten können, und tauschen sich danach darüber aus.

Vorteil: Erste Wahrnehmungsklärung. Nicht geeignet für Eskalationsstufe 6 – 9.

Der gespiegelte Dialog

Die Konfliktparteien stellen abwechselnd dar, wie sie eine bestimmte Situation erlebt haben. Der Moderator hilft ihnen, die Kommunikationsregeln auch wirklich einzuhalten.

Beispielsweise schildert Frau Berger, wie sie das Verhalten von Herrn Lüdtke erlebt, wenn er ihr bestimmte Arbeitsvorgänge „zuschiebt", die er nicht selbst erledigen möchte. Nun muß Herr Lüdtke in eigenen Worten, aber sinngemäß, das wiederholen, was Frau Berger gesagt hat. Nachdem Frau Berger der Darstellung zugestimmt hat, stellt Herr Lüdtke seine Sichtweise dar, die dann von Frau Berger wiederholt werden muß.

Vorteil: Wahrnehmungsklärung, Kommunikation üben. Geeignet bis zu Eskalationsstufe 4 – 5.

Periodische Zusammenfassungen

Beide Konfliktparteien fassen, nach vom Moderator bestimmten Zeitabständen, die Argumente, Sichtweisen und Diskussionspunkte der Gegenpartei zusammen, ohne sie zu kommentieren. Die Parteien können danach klären, an welchen Punkten ihre Wahrnehmungen/Interpretationen unrichtig oder fehlerhaft waren.

Vorteil: Die Parteien können diese Übung dazu nutzen, um Mißverständnisse und Kommunikationsblockaden weiter abzubauen.

Alter-Ego Kommentare

Durch diese Übung lernen die Konfliktparteien, sich in die Gefühlswelt der anderen hineinzuversetzen.

Während eine Person über eine Konfliktepisode spricht, versuchen Vertreter der Gegenpartei, die Gefühle des Betreffenden zu erraten. Dabei spricht man für das Ich des anderen.

Beispiel: Frau Berger sagt: ,,Wenn ich morgens im Büro erscheine, begegnet mir Herr Lüdtke schon mit saurer Miene.''

Darauf Herr Lüdtke als Alter Ego für Frau Berger: ,,Ich ärgere mich darüber!''

Oder: Frau Bergers Chef sagt: ,,Ich dachte, daß Frau Berger und Herr Lüdtke ganz gut miteinander auskommen würden.''

Frau Berger als Alter Ego für ihren Chef: ,,Ich gehe den Weg des geringsten Widerstandes. Die sollen selbst sehen, wie sie miteinander klarkommen!''

Die Alter-Ego-Kommentare dürfen von der betreffenden Person kurz zurechtgerückt werden, dann geht das Gespräch weiter. So kann jeder aussprechen, was meist unterschwellig bleibt und ungute Gefühle verursacht.

Vorteil: Wahrnehmungsklärung, Gefühle äußern, Rückkopplung bekommen.

Rollentausch

Man greift eine kritische Konfliktepisode heraus, beschreibt und dramatisiert sie. Jeder spielt zunächst seine eigene Rolle, später werden dann die Rollen getauscht.

Herr Bauer spielt zum Beispiel seinen Mitarbeiter, Herrn Klein, der immer zu spät kommt und immer die gleichen Ausreden verwendet. Herr Klein spielt dann seinen Vorgesetzten, der ihm immer Vorhaltungen aus seinem Eltern-Ich macht, ohne jemals nach den Hintergründen für Herrn Kleins Verspätungen zu fragen.

Bei stark eskalierten Konflikten (etwa ab Stufe 5), kann man diese Methode auch bei getrennten Besprechungen mit den Konfliktparteien anwenden. Der Moderator übernimmt dann die Rolle des advocatus diaboli (wörtl. „Anwalt des Teufels", in unserem Sinne: Anwalt der Gegenpartei).

Strategie der „kleinen Kreditangebote"

Konstruktive Konfliktlösungen bedürfen nicht nur des guten Willens, sondern manchmal auch der sichtbaren Beweise desselben. Glasl (1980) schlägt deshalb die Strategie der „kleinen Kreditangebote" vor. Die dritte Partei spielt hier wiederum die Rolle des Vermittlers bzw. des advocatus diaboli.

Beide Seiten werden befragt, welche Kreditangebote sie von der Gegenseite wünschen und welche sie zu geben bereit sind. Die dritte Partei sorgt dann dafür, daß die Angebote der anderen Partei zugetragen werden und daß ein Austausch ohne weitere Bedingungen erfolgt.

Gemeinsame Suche nach Oberzielen

Nachdem eine Wahrnehmungs- und Beziehungsklärung stattgefunden hat, sind die Konfliktparteien eher bereit und in der Lage, ihre gemeinsamen Ziele und Interessen, die ja nach wie vor bestehen, ohne Angst vor Gesichtsverlust zu formulieren. Man kann schließlich auch weitere gemeinsame Ziele für die Zukunft benennen. Dies hilft, den Prozeß der Konfliktlösung zu vervollständigen.

Fünf Schritte, mit denen Sie Problem lösen

Die Konfliktparteien müssen lernen, sich selbst, dem Konflikt und seinen möglichen Auswirkungen gegenüber eine fragende Haltung einzunehmen. Erst wenn der Konflikt als Problem und nicht bereits als die Lösung aufgefaßt wird, ist eine problemorientierte Konfliktlösung möglich.

Wenn Sie sich die Darstellung der Konfliktstile auf Seite 41 ansehen, so könnten Sie zu dem Resultat kommen, daß der problemorientierte Konfliktstil alle anderen Stile ausschließt. Diese Ansicht wäre unzutreffend. Tatsächlich umfaßt der problemorientierte Konfliktstil alle anderen, mit dem Unterschied:

– daß er nicht auf einen bestimmten Konfliktstil fixiert ist
– daß er sowohl die eigenen als auch die Interessen, Sichtweisen, Bewertungen der anderen Konfliktpartei berücksichtigt

Wieso umfaßt der problemorientierte Konfliktstil auch alle anderen? Die Antwort lautet: Der problemorientierte Konfliktstil orientiert sich am Problem, nicht an einem besonderen Stil. Das heißt konkret:

– Eine angemessene und der Situation angepaßte Vertretung von eigenen Interessen (Durchsetzung) kann ebenso Teil einer konstruktiven Konfliktlösung sein wie der überlegte Kompromiß oder das Nachgeben.
– Es sind Fälle denkbar, in denen selbst der Rückzug (z.B. Trennung) das Ergebnis eines problemorientierten Konfliktlöseprozesses darstellt.

Prozeß der Problemlösung

Der Prozeß der Problemlösung vollzieht sich folgendermaßen:

1. Konfliktanalyse
2. Problemdefinition
3. gemeinsame Suche nach Lösungen
4. gemeinsame Entscheidungsfindung
5. vertragliche Vereinbarungen

1. Konfliktanalyse

Jeder Konfliktlösung muß eine eingehende Konfliktanalyse vorausgehen. Hierbei müssen folgende Fragen geklärt werden:

- Was ist das Ausgangsproblem?
- Was sind die Konfliktsymptome?
- Wer sind die Konfliktparteien?
- Welche Konfliktarten sind in dem Konflikt vertreten?
- Welche Einstellungen und Motive sind bei den Konfliktparteien vorauszusetzen?
- Auf welcher Eskalationsstufe befindet sich der Konflikt?
- Was wurde von den Konfliktparteien bisher unternommen, um den Konflikt zu lösen?
- Was sind die gemeinsamen Ziele der Konfliktparteien?

2. Problemdefinition

Bei der gemeinsamen Problemdefinition sind beide Parteien zur Kooperation gezwungen. Außerdem entsteht das Bewußtsein, in „einem Boot" zu sitzen. Durch die Bestimmung der vorrangigen und untergeordneten Konfliktpunkte (Frakturierung) wird die Sachebene für beide Konfliktparteien unter Umständen erstmals transparent.

Die Problemdefinition umfaßt auch die Bestimmung der gemeinsamen Ziele und Interessen.

Das Wichtigste: In einer guten Problemdefinition sind implizit schon Lösungsansätze vorhanden.

3. Gemeinsame Suche nach Lösungen

Man darf davon ausgehen, daß durch die bisherigen Maßnahmen die Sach- und die Beziehungsebene für die Konfliktparteien klar genug entflochten sind, so daß nun der eigentlich kreative Teil der Problemlösung, die gemeinsame Suche nach Lösungen, störungsfrei verlaufen kann.

Für diesen Teil empfehlen sich Techniken der Ideenfindung (etwa Brainstormings) und die Anwendung der eingangs besprochenen Kreativ-Methoden. Suchen Sie nach so vielen Lösungsmöglichkeiten wie nur möglich. Enthalten Sie sich aber einer vorzeitigen Bewertung.

4. Gemeinsame Entscheidungsfindung

In dieser Phase findet nun eine gemeinsame Bewertung der Lösungswege statt. Die gemeinsame Entscheidungsfindung kann als der vorläufige Abschluß des Problemlöseprozesses angesehen werden. Der gemeinsame Konsens kann die Bewertungs-, Beurteilungs-, Verteilungs- oder Beziehungsebene des Konflikts betreffen.

Auch wenn er nur einen Minimalkonsens darstellt, so hat er doch eine wichtige konfliktbegrenzende Funktion.

5. Vertragliche Vereinbarungen

Der gemeinsame Konsens sollte in Form eines Tätigkeits- oder Verhaltensvertrags fixiert werden. Der Vertrag entlastet somit die Konfliktparteien auch von ständiger Kontrolle und macht die Einigung verläßlicher.

Was ist zu tun, wenn ein Konflikt eskaliert ist?

Nicht jeder Konflikt, vor allem, wenn er eskaliert ist, läßt sich durch ein einfaches Konfliktgespräch beheben. Der Prozeß der Problemlösung setzt stets das Einverständnis beider Parteien voraus. Dies ist nicht immer der Fall.

Auf höherer Eskalationsstufe kann es daher wichtig sein, externe Moderatoren und Prozeßbegleiter einzuschalten. Wenn der Konflikt sehr stark eskaliert ist, sind sogar juristische Eingriffe notwendig.

Die folgende Übersicht soll daher eine grobe Orientierung bieten, welche Maßnahme auf welcher Konfliktstufe angemessen ist.

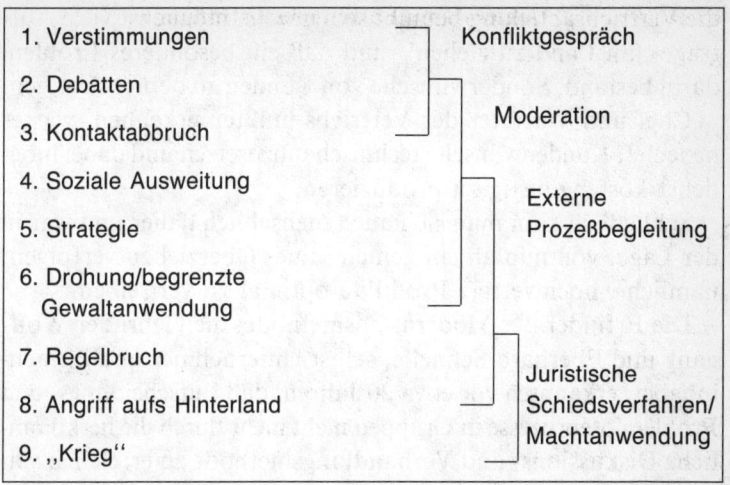

1. Verstimmungen	Konfliktgespräch
2. Debatten	
3. Kontaktabbruch	Moderation
4. Soziale Ausweitung	
5. Strategie	Externe Prozeßbegleitung
6. Drohung/begrenzte Gewaltanwendung	
7. Regelbruch	
8. Angriff aufs Hinterland	Juristische Schiedsverfahren/ Machtanwendung
9. „Krieg"	

So moderieren Sie Konflikte in Mitarbeitergruppen

Zwischen der Vertriebs- und Produktionsabteilung eines Unternehmens klappte buchstäblich nichts mehr. Der „Knackpunkt" des Konflikts, der sich schließlich in den beiden Abteilungs-Chefs personalisierte, waren die wachsende Anzahl der Reklamationen, für die sich beide Seiten gegenseitig verantwortlich machten. Die Produktion beschuldigte den Vertrieb wegen mangelhafter Auftragserhebung und Weiterleitung, der Vertrieb die Produktion wegen fehlerhafter Ausführung.

Das Verhältnis zwischen beiden Seiten war äußerst gespannt. Beide Parteien, vorab die Chefs, kommunizierten nur noch schriftlich miteinander oder über die Firmenleitung.

Als schließlich einige wichtige Kunden „abgesprungen" waren, erkannte man die Notwendigkeit, etwas zu tun. Man entschloß sich dazu, einen Workshop zu veranstalten und dabei die Moderations-Methode anzuwenden.

Im Verlauf dieses Workshops wurden beiden Seiten erstmals die Arbeitsweisen, Sichtweisen und Schwierigkeiten der anderen Partei bewußt: der Produktionsabteilung beispielsweise, daß die Vertriebsabteilung bemüht sein mußte, möglichst viele Aufträge „an Land zu ziehen" und daß ein besonderes Problem darin bestand, Sonderwünsche von Kunden zu berücksichtigen.

Chef und Vertreter des Vertriebs mußten erkennen, was es bedeutet, Kundenwünsche technisch umzusetzen und dabei möglichst kostengünstig zu produzieren.

Schließlich kam man sich auch menschlich näher und war in der Lage, von nun ab ein gemeinsames Oberziel zu verfolgen, nämlich „hochwertige Produkte optimal zu vertreiben."

Die Erfinder der Moderationsmethode, die Gebrüder Wolfgang und Eberhard Schnelle, selbst Unternehmer und Firmeninhaber, erkannten vor etwa 20 Jahren, daß Entscheidungs- und Problemlöseprozesse in Gruppen nicht mehr durch die herkömmliche Diskussions- und Verhandlungsmethode zu erreichen waren. (Diese war zu sehr geprägt von Rhetorik und Vorteilsdenken.) Sie entwickelten eine Methode, welche die Autoren Klebert, Schrader und Straub in ihrem Buch „Kurz-Moderation" (Hamburg 1987) folgendermaßen charakterisieren: „. . . eine Mischung aus Planungs- und Visualisierungstechniken, aus Gruppendynamik und Gesprächsführung . . ." (S. 8).

Besonders hervorgehoben wird die Rolle des Moderators: „Im Gegensatz zum Lehrer, Trainer oder Vorgesetzten hat der Moderator gewissermaßen eine Hebammenfunktion. Er hilft der Gruppe, sich selbst zu verstehen, ihre Ziele und Wünsche zu formulieren, Lösungen zu erarbeiten und die Umsetzung sicherzustellen." (S. 8)

Visualisierung

Neben der Vermittlerrolle des Moderators „lebt" die Moderationsmethode von der Visualisierung. Vorteile der Visualisierung:

– Visualisierung bewirkt einen gleichen Informationsstand bei allen Teilnehmern einer Gruppe. Sie trägt damit zur Transparenz bei und bietet die Möglichkeit, die Probleme konkreter zu diskutieren und sich dabei auf die wesentlichen Punkte zu beschränken.

- Sie zwingt zu einer strengen Unterscheidung zwischen wesentlichen und unwesentlichen, vorrangigen und untergeordneten Problempunkten. Dadurch wird die Aufnahme- und Verarbeitungskapazität der Gruppenmitglieder nicht überfordert.
- Verbal schwierig zu erklärende Sachverhalte lassen sich durch optische Unterstützung leichter fassen.
- Schließlich führt die Tatsache, daß durch Visualisierung der Arbeitsprozeß und die Beiträge der einzelnen Gruppenmitglieder sichtbar gemacht werden, zu einem hohen Grad der Akzeptanz und der Identifikation der Teilnehmer mit ihren Arbeitsergebnissen.

Grundregeln für die Visualisierung

- *Elemente:* sind Packpapier, Stellwände, Kärtchen, Punkte in verschiedenen Größen und Farben sowie schwarze Filzstifte in zwei unterschiedlichen Dicken.
- Den dünneren *Stift* verwenden Sie für die Beschriftung von Karten sowie für Texte auf dem Plakat, den dickeren Stift für Überschriften, Betonungen, Linien, Zahlen und Markierungen (Pfeile, Blitze usw.).
- *Schrift:* Wegen der Lesbarkeit sollte grundsätzlich nur Druckschrift verwendet werden. Die Überschriften sollten in Großbuchstaben geschrieben werden. Plakataufteilung und Texte müssen unbedingt auch für weiter entfernt sitzende Teilnehmer lesbar sein. Teilnehmer sollten auf diesen Umstand aufmerksam gemacht werden, wenn sie eigene Kärtchen beschriften.
- *Plakataufteilung:* Plakatthema und -aufteilung sind jeweils vom Moderator vorzubereiten. Zunächst empfiehlt es sich, alle Texte und Überschriften auf Kärtchen zu schreiben und diese auf das Plakat aufzustecken (Collage-Technik). Dadurch ist man auch bei möglichen Veränderungswünschen flexibler. Plakatzeilen entsprechen der Größe der Text-Kärtchen. Sinnvoll ist die Einhaltung von Textblöcken. Niemals zuviel auf ein und dasselbe Plakat! Lieber ein zweites Plakat nehmen!

- *Wirkung des Plakats testen:* Bevor man ein Plakat für fertig erklärt, sollte es aus der Zuschauerdistanz und mit der Gruppe gemeinsam noch einmal begutachtet werden.

Moderationsablauf

Der Ablauf einer Moderation vollzieht sich in den folgenden Schritten:

1. Begrüßung, Vorstellung, Anwärmen
2. Thematische Orientierung
3. Problembearbeitung
4. Ergebnis- und Tätigkeitsorientierung
5. Abschluß

1. Begrüßung/Vorstellung/Anwärmen

Begrüßung

- Der Moderator stellt sich selbst vor.
- Einleitende Bemerkungen zum Thema.
- Aussagen zu seiner methodischen Funktion.

Vorstellungsrunde

- Teilnehmer stellen sich selbst vor (Teilnehmer stellen sich gegenseitig vor).
- Erfragt werden vom Moderator: Name, Funktion (in Organisat.), Motive und Erwartungen.

Gruppenspiegel			
Nam.	Funk.	Motiv	Erwart.

Zielplakat

Zielplakat
Ziel der Veranstaltung
1 _____
2 _____
3 _____

- Moderator fragt:
  ,,Was soll das Ziel dieser Veranstaltung sein?''
- Teilnehmer geben Meinungen kund (schriftlich oder mündlich).

,,Blitzlicht''

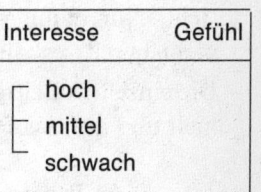

Interesse	Gefühl
hoch	
mittel	
schwach	

- Wichtig ist es zu Beginn, daß die Teilnehmer ihrem Interesse und ihren Gefühlen in Bezug auf die Veranstaltung Ausdruck verleihen können.

- Die Teilnehmer werden gebeten, am Plakat ,,Interesse'' einen grünen und am Plakat ,,Gefühl'' einen roten Klebepunkt an der entsprechenden Stelle ihrer Wahl anzubringen.

2. Thematische Orientierung

Wichtig in dieser Phase ist:

- daß die Gruppe selbst entscheidet, was für sie die wesentlichen und die untergeordneten Themen der Veranstaltung sind
- daß die Gruppe zunächst das Problem definiert, ohne daß dabei schon über mögliche Lösungen nachgedacht wird

Themenkatalog

- Teilnehmer nennen durch Zurufe Diskussionspunkte.
- Oder: Jeder Teilnehmer schreibt drei Diskussionspunkte auf Kärtchen.
- Oder: Aus den Konfliktparteien gemischte Arbeitsgruppen entwickeln jede für sich einen Themenkatalog, der im Plenum diskutiert wird. (Vorsicht: Nur dann, wenn der Konflikt nicht bereits eskaliert ist!)
- Die einzelnen Beiträge werden gesammelt und auf das Plakat aufgeheftet.

> **Worüber sollen wir sprechen?**
> 1 _____
> 2 _____
> 3 _____

Tagesordnung

- Die Gruppe soll nun einen Konsens herstellen, in welcher Reihenfolge die Themen bearbeitet werden sollen.
- Jeder Teilnehmer kann je nach Länge der Liste 3 – 5 rote Punkte vergeben.
- Die Punkte werden angeheftet und vom Moderator ausgezählt.
- Somit entsteht das Plakat „Tagesordnung".

> **Tagesordnung**
> 1 _____
> 2 _____
> 3 _____

Konfliktthema

- Die Gruppe wird aufgefordert, für ihren Konflikt einen Namen (z.B. „Grabenkampf", „Königsmord") zu finden. Der Phantasie wird freier Lauf gelassen.
- (Vorteil: Durch derartige Kooperationsphasen wird der Prozeß der Problemlösung erleichtert. Außerdem

> **Wie sollen wir den Konflikt nennen?**
>
> „Name"

wird dadurch ein.Bewußtsein geschaffen, daß alle im „gleichen Boot" sitzen.)
– Nun werden die Themen des Themenkatalogs sozusagen mit Inhalt gefüllt, das heißt, die Konfliktpunkte werden so gut wie möglich konkretisiert.

Problemspeicher

– Alle Konfliktparteien haben die Möglichkeit, ihre Konfliktpunkte mit der Gegenpartei noch einmal vorzubringen.
(Entweder durch Kartenabfrage oder Wortmeldungen.)

Problemspeicher
1 _____
2 _____
3 _____

– Die Einzelbeiträge werden gesammelt und in den Problemspeicher eingegeben.
– Danach wird im Plenum eine Rangreihe in den Problemspeicher gebracht.

Gemeinsame Ziele

– Neben den Problemen darf nicht vergessen werden, daß die Konfliktparteien u.U. auch gemeinsame Ziele verfolgen.

Gemeinsame Ziele
1 _____
2 _____
3 _____

– Das Thema „Gemeinsame Ziele" sollte in gemischten Arbeitsgruppen erörtert und danach im Plenum diskutiert werden.

3. Problembearbeitung

In dieser Phase findet die eigentliche Arbeit an den Problemen statt. Sie besteht in einem intensiven Kommunikationsprozeß zur Problemlösung, bei dem alle Teilnehmer beteiligt werden. Dazu ist es notwendig, die Gesamtgruppe in gemischte Arbeitsgruppen, das heißt mit Vertretern aller Konfliktparteien, aufzuteilen, damit Argumente, Meinungen, Kontroversen und Lösungsvorschläge möglichst frei und unzensiert ausgetauscht werden können.

Jede Arbeitsgruppe sollte über genügend Raum verfügen und mit − mindestens − einer Stellwand bzw. einem Flipchart sowie mit den bereits erwähnten Moderationsutensilien (Filzstifte, Kärtchen, Punkte usw.) ausgestattet sein.

Gruppenarbeit

- Jede Arbeitsgruppe erhält ein Arbeitsplakat etwa nebenstehender Art. Es werden folgende Fragen behandelt:
  - Ist-Zustand
  - Soll-Zustand
  - Widerstände
  - Lösungen

Thema: „Grabenkampf"	
Ist-	Soll-Zust.
Wider-stände	Lösungen

Gemeinsame Problemlösung

- Nach Abschluß der Gruppenarbeit (max. 60 Minuten) werden die verschiedenen Lösungsansätze präsentiert und im Plenum diskutiert.
- Hierzu das Plakat „Gemeinsame Problemlösung".

Gemeinsame Problemlösung
1
2
3

4. Ergebnis- und Tätigkeitsorientierung

Die gemeinsame Problemlösung ist die eigentlich kreative Arbeit. Sie sollte durch eine Art „Vertragswerk" abgesichert werden.

Tätigkeitskatalog

- Der Tätigkeitskatalog stellt die durchzuführenden Maßnahmen, die sich aus der Art der Problemlösung ergeben, zusammen.
- Der Tätigkeitskatalog kann sofort im Plenum (Wortmeldungen, Kärtchen beschriften) oder wiederum in Kleingruppenarbeit erstellt werden.
- Der Tätigkeitskatalog kann etwa folgende Themen beinhalten:
  - Art der Tätigkeit?
  - Wer mit wem?
  - Wann und wo?

Tätigkeitskatalog
Tätigkeiten
Wer mit wem?
Wann und wo?

Offene Fragen

Keine Problemlösung, auch wenn sie weitgehend gemeinschaftlich erarbeitet wurde, ist endgültig und führt zu einem vollständigen Konsens. Es bleiben immer noch offene Fragen und kontroverse Punkte zurück. Sie gemeinschaftlich zu benennen kann aber der Ausgangspunkt für zukünftige, bessere Problemlösungen sein.

Offene Fragen
1
2
3

5. Abschluß

Die Abschlußphase dient der Zusammenfassung, Präsentation und Dokumentation der erzielten Arbeitsergebnisse. In diesem Sinne ist die Abschlußphase zugleich Reflexions- und Bewertungsphase. Sie sollte auch dazu genutzt werden, der „gegnerischen" Konfliktpartei und dem Moderator ein Feedback zu geben.

Feedback

Feedbackfragen können die folgenden sein:

- Was war mir wichtig?
- Was möchte ich der Gruppe noch sagen?
- Was nehme ich mit nach Hause?
- Was habe ich mir persönlich vorgenommen?
- Was war am Moderationsprozeß gut, was könnte man verändern?

Blitzlicht

- Als „Abschluß-Blitzlicht" empfiehlt sich eine abschließende Zufriedenheitseinschätzung.

Zufriedenheit	
Thema	Ergebnis
hoch	hoch
mittel	mittel
schwach	schwach

Checkliste:

– Begreifen Sie den Konflikt als Chance für persönliche und organisatorische Weiterentwicklung und Erneuerung.

– Gehen Sie den Konflikt aktiv an.

– Betrachten Sie den Konflikt als offenes Problem, das mit Kreativität gelöst werden kann.

– Nehmen Sie eine fragende Haltung ein. Nehmen Sie Abstand von vorgefertigten Lösungen.

– Suchen Sie nach Gewinnmöglichkeiten für sich und andere.

– Signalisieren Sie den Konfliktparteien, daß Sie sie als Menschen trotzdem schätzen und akzeptieren.

– Suchen Sie nach Möglichkeit die Unterstützung einer dritten Partei.

Lösungen

Seite 49/50: 1a, 2d, 3c, 4e, 5c

Seite 75: 1b, 2c

Seite 106: 1b, 2c

Seite 170:
1. Umweltfreundliche Produktion
2. Am Kapital beteiligte Arbeit
3. Von der Theorie reflektierte Praxis
4. Interessenausgleich

Literaturhinweise

Apfelbach, R.; Döhl, J.: Verhaltensforschung. Eine Einführung, Stuttgart, New York 1980

Bach, G.; Goldberg, H.: Keine Angst vor Aggression, Frankfurt/Main 1981

Berkel, K.: Konflikttraining. Konflikte verstehen und bewältigen, Heidelberg 1990

Berne, E.: Spiele der Erwachsenen, Reinbek 1967

De Bono, E.: Konflikte − Neue Lösungsmodelle und Strategien, Düsseldorf 1989

Deutsch, M.: Konfliktregelung. Konstruktive und destruktive Prozesse, München / Basel 1976

Gamber, P.: Agonistisches Spiel bei Kindern − seine Beziehung zum aggressiven Verhalten und zur Dominanz. Konsequenzen für die Aggressions- und Konflikterziehung in Vorschule und Kindergarten, Dissertation, Heidelberg 1987

Gamber, P.: Rauf- und Kampfspiele bei Kindern aus der Sicht der Vergleichenden Verhaltensforschung, Gruppendynamik − Zeitschrift für angewandte Sozialpsychologie, H. 2, 1989, 175 − 189

Glasl, F.: Konfliktmanagement. Diagnose und Behandlung von Konflikten in Organisationen, München 1980

Gordon, T.: Manager-Konferenz. Effektives Führungstraining, München 1989

Lorenz, K.: Das sogenannte Böse. Zur Naturgeschichte der Aggression, Wien 1963

Maslow, A. H.: Motivation and Personality, New York 1970

Rapoport, A.: Kämpfe, Spiele und Debatten. Drei Konfliktmodelle, Darmstadt 1976

Rost, W.: Emotionen − Elixiere des Lebens, unter Mitarbeit von W. Dietz, Berlin 1990

Schulz v. Thun, F.: Miteinander reden. Störungen und Klärungen (Bd. I), Reinbek 1990

Vester, F.: Phänomen Streß, Stuttgart 1976

Watzlawick, P.: Menschliche Kommunikation − Formen, Störungen, Paradoxien, (2. Aufl.) Stuttgart 1974

Notizen

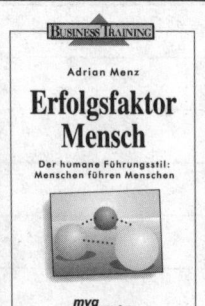

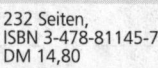

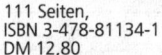
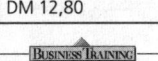